INTERPRETATIONEN DEUTSCH

Thomas Brussig
Am kürzeren Ende der Sonnenallee

Interpretiert von
Michael Lammers

STARK

Bildnachweis
Umschlagbild: Cinetext Bild- und Textarchiv
Seite 3: © Peter Peitsch, Hamburg
Seite 9: Cinetext/Jahnke
Seite 11: © bpk
Seite 15: © Harald Hauswald/Ostkreuz-Agentur
Seite 25: Cinetext/Jahnke
Seite 30: Cinetext Bild- und Textarchiv
Seite 55: © Harenberg Kommunikation Verlags- und Medien GmbH & Co. KG, Dortmund 1996,
Personenlexikon 20. Jahrhundert, S. 721.
Seite 56: © Harald Hauswald/Ostkreuz-Agentur
Seite 57: © Harald Hauswald/Ostkreuz-Agentur
Seite 73: © Verlag Haus am Checkpoint Charlie
Seite 78: © Lothar Schmalz
Seite 79: © bpk

ISBN 978-3-89449-496-4

© 2010 by Stark Verlagsgesellschaft mbH & Co. KG
www.stark-verlag.de
1. Auflage 2000

Das Werk und alle seine Bestandteile sind urheberrechtlich geschützt. Jede vollständige oder
teilweise Vervielfältigung, Verbreitung und Veröffentlichung bedarf der ausdrücklichen
Genehmigung des Verlages.

Inhalt

Vorwort

Einleitung	1
Biografie und Entstehungsgeschichte	3
1 Stationen der Biografie	3
2 Literarische Laufbahn	4
3 Entstehungsgeschichte des Romans	6
4 Vergleich: Film und Roman	7
Inhaltsangabe	11
Textanalyse und Interpretation	35
1 Personencharakteristik	35
2 Literarische Form und Struktur	47
3 Zentrale Themen und Motive	52
4 Der Erzähler und die Erzählstruktur	59
5 Sprache	63
6 Interpretation von Schlüsselstellen	68
Zur Rezeption	81
Wort- und Sacherläuterungen	84
Literaturhinweise	86
Anmerkungen	88

Autor: Michael Lammers

Vorwort

Liebe Schülerin, lieber Schüler,

diese Interpretationshilfe zu Thomas Brussigs *Am kürzeren Ende der Sonnenallee* hilft Ihnen beim Verständnis und der Analyse des Romans. Sie bietet Hilfestellung bei der Interpretation im Unterricht und für die gezielte Klausurvorbereitung. Zudem ermöglicht sie Ihnen, Denkansätze zu finden oder zu vertiefen.

Im Abschnitt **Biografie und Entstehungsgeschichte** erhalten Sie Informationen zum Autor und zu seinem bisherigen Werk. Es schließt sich eine **Inhaltsangabe** an, die Ihnen – zur Einführung in den Roman oder zur Auffrischung Ihres Wissens – einen ausführlichen Überblick über die Handlungszusammenhänge des Textes bietet.

Das Zentrum der Interpretationshilfe stellt der Abschnitt **Textanalyse und Interpretation** dar. Hier werden wichtige inhaltliche Gesichtspunkte und deren Zusammenhang mit der formalen Gestaltung untersucht. Einige **Schlüsselstellen**, die Klausurtexte sein können, werden exemplarisch interpretiert.

Die Interpretationshilfe wird durch Bemerkungen zur **Rezeption** des Romans, Wort- und Sacherläuterungen und geeignete **Sekundärliteratur** mit kurzem Kommentar abgerundet.

Alle Kapitel der Interpretationshilfe sind unabhängig voneinander zu verstehen. Dies bietet Ihnen die Möglichkeit, gezielt bestimmte Aspekte zu erarbeiten.

Ich hoffe, dass Ihnen die Arbeit mit Roman und Interpretationshilfe ebenso viel Freude bereitet wie mir die Erstellung dieses Bandes.

Michael Lammers

Einleitung

Es war am 3. Oktober 1990, als die DDR nach einundvierzigjähriger Existenz der Bundesrepublik Deutschland beitrat. Damit endete ein bewegendes Kapitel deutscher Nachkriegsgeschichte. Seitdem wartete die literarisch interessierte Öffentlichkeit auf einen Nach-Wende-Roman, der diese Zeit aufarbeitete. Es gibt mittlerweile eine Vielzahl von Texten, die sich mit der Thematik befassen. Thomas Brussig, ein junger Autor, der in der DDR aufgewachsen ist, hat sich bereits mit *Helden wie wir* des Themas angenommen. Mit *Am kürzeren Ende der Sonnenallee* liegt nun ein Roman vor, der sich mit dem **Leben in der DDR** befasst. Dabei ist es weniger eine Abrechnung mit dem System als vielmehr die Darstellung des **Alltags der normalen Bürger**. Es geht hier nicht um eine Verurteilung der Menschen und der staatstragenden Funktionäre, sondern darum zu zeigen, dass in der DDR ein ganz normales Leben mit Sorgen und Nöten, Freud und Leid – wenn auch etwas anders als im Westen – geführt wurde.

Den Aufhänger für den **nostalgischen Blick in die Vergangenheit** liefert die Beschreibung einer Gruppe Jugendlicher, die im Osten Berlins im Schatten der Mauer lebt und liebt. Die Hauptcharaktere des Romans verhalten sich in ihrer Entwicklung so wie zahlreiche Jugendliche an der Schwelle zum Erwachsenwerden. Damit bieten sie **viele Identifikationsmöglichkeiten** für jugendliche Leser.

Die Themenvielfalt des Romans – Liebe, Leidenschaft, Musik, Politik – ist es, die ihn auch für Jugendliche interessant macht. Der Text erlaubt es Schülerinnen und Schülern, die die in der Geschichte beschriebene Zeit Ende der 70er-Jahre nicht kennen gelernt haben, sich trotzdem ein Bild vom **Alltag in der DDR** zu machen. Brussig versteht es dabei, diese Zeit auf eine sehr liebenswerte und anschauliche Art wieder aufleben zu lassen.

Er verwendet nicht den erhobenen Zeigefinger, um auf die Missstände aufmerksam zu machen, die zweifelsohne bestanden haben. Durch die skurrilen Einfälle und die **verständliche, humorvolle und ironische Sprache** weist er auf die Absurditäten in der DDR hin. Auf diese Weise erlangen der Leser und die Leserin Einblicke in die gesellschaftlichen Zusammenhänge, das politische und alltägliche Leben in der jüngsten deutschen Vergangenheit im Osten unseres Landes.

Die sprachliche Ausgestaltung des Romans ist geradezu prädestiniert für eine Schullektüre von *Am kürzeren Ende der Sonnenallee*. Der Text ist leicht verständlich, auch wenn einige Elemente aus dem DDR-Sprachgebrauch für Leserinnen und Leser im Westen erläuterungsbedürftig sind. Trotz der relativ einfachen Sprache ist der Text nicht anspruchslos. Als Roman der **unterhaltsamen Gegenwartsliteratur** kann er dabei helfen, die Scheu vor Literatur abzubauen.

Der Roman bietet vielfach ein **reines Lesevergnügen**. Anspruchsvollere Literatur muss nicht zwangsläufig „trocken" und „langweilig", sondern kann durchaus unterhaltend und zugleich informativ sein. Der Leser und die Leserin erhalten die Möglichkeit, ihre eigene Entwicklung innerhalb ihres gesellschaftlichen Kontextes im Spiegel des Textes zu reflektieren.

Autogramm des Schriftstellers im Rahmen einer Autorenlesung von *Am kürzeren Ende der Sonnenallee*

Biografie und Entstehungsgeschichte

1 Stationen der Biografie

Thomas Brussig wurde im Jahr 1965 in Ost-Berlin, damals Hauptstadt der DDR, geboren. Nach dem Abitur begann er eine Ausbildung zum Baufacharbeiter. „[…] ich hätte studieren können, aber ich wusste nicht was."[1] An diese Ausbildung schloss sich der Wehrdienst an, den Brussig bei der Bereitschaftspolizei absolvierte. Entnervt von der Abhängigkeit, die er in der Lehrzeit und bei der Armee kennen gelernt hatte, beschloss Brussig zu jobben, um sich ein gewisses Maß an Unabhängigkeit zu erhalten. Er probierte die unterschiedlichsten Bereiche aus: Er arbeitete als Möbelträger, Museumspförtner, Fabrikarbeiter, Hotelportier, Reiseleiter und Tellerwäscher. Alle Tätigkeiten übte er im Berlin der Vorwende-Zeit aus. Brussig selbst bezeichnet dies nicht als Aussteiger-Leben: „Ich habe immer eine geregelte Arbeit gehabt."[2]

Ab 1990 studierte Thomas Brussig zunächst „aus Neugier" Soziologie an der Freien Universität Berlin, nahm dann aber 1993 „aus Berufung" das Studium der Dramaturgie an der Filmhochschule Potsdam-Babelsberg auf, das er im Jahr 2000 abschloss. Seit 1995 ist er bereits freier Schriftsteller. Heute ist er verheiratet und lebt in Berlin und Mecklenburg.

2 Literarische Laufbahn

Wie viele andere Schriftsteller auch, begann Brussig seine literarische Laufbahn mit dem Schreiben von Tagebüchern. Während seiner Armeezeit führte er verbotenerweise ein Tagebuch, dessen Entdeckung zu Schwierigkeiten führte. So ließen z. B. seine Offiziere Auszüge aus seinen Aufzeichnungen während eines Appells vor der ganzen Truppe vorlesen. Man könnte also so weit gehen zu behaupten, dass dieses Tagebuch die erste Veröffentlichung Brussigs gewesen ist.

Thomas Brussigs erstes literarisches Werk erschien 1991 unter dem Pseudonym (Künstlernamen) Cordt Berneburger. *Wasserfarben* entstand parallel zu seinen zahlreichen Tätigkeiten zwischen den Jahren 1985 und 1989. Der Roman erzählt die Geschichte von Anton Glienike, einem Jungen aus Ost-Berlin, der kurz vor dem Abitur steht und sich Gedanken über sein Leben und die Zukunft macht. Anton hat zahlreiche Probleme mit sich und seinem Umfeld und weiß eigentlich nicht, was er mit seinem Leben anfangen soll. Der Text trägt vermutlich stark autobiografische Züge. Mittlerweile wird der Roman unter Brussigs richtigem Namen in der vierten Auflage als Taschenbuch veröffentlicht.

1995 erschien im Verlag Volk & Welt, Berlin, der Roman *Helden wie wir*, mit dem Thomas Brussig seinen ersten großen Erfolg feierte und einem breiteren Publikum bekannt wurde. Er erreichte bald hohe Verkaufszahlen. Es folgten Übersetzungen in elf Ländern: Frankreich, Großbritannien, Niederlande, Italien, Schweden, Griechenland, Südkorea, Litauen, Slowenien, Tschechien, USA. In dem Wende- und Schelmenroman erzählt Brussig die Lebensgeschichte von Klaus Uhltzscht: Ein kleiner Verlierer und Versager, der bei der Stasi landet und mit seinem übergroßen Penis der eigentliche Grund dafür ist, dass die Berliner Mauer geöffnet wird. Das Buch ist ein sehr lesenswerter, origineller und lustiger Roman, in dem Brussig den bürgerlichen Mief des Ostens auf sehr komische Weise lüftet.

Von dem Roman *Helden wie wir* existiert eine Bühnenfassung, die mittlerweile an über 30 deutschsprachigen Theatern mit großem Erfolg aufgeführt wurde (u. a. Berlin, Dresden, Hamburg, München, Wien, Leipzig, Magdeburg, Bremen, Schwerin, Stuttgart). Premiere hatte das Stück in den Kammerspielen des Deutschen Theaters in Berlin unter der Regie von Peter Dehler.

Im Herbst 1999 wurde eine Hör-Kassette des Romans, ein Mitschnitt einer Rundfunklesung des MDR (Mitteldeutscher Rundfunk) angeboten. Am 9. November des gleichen Jahres startete der Kinofilm gleichen Titels. Brussig selbst schrieb das Drehbuch, Sebastian Peterson führte Regie.

Am 30. August 1999 erschien im Verlag Volk & Welt, Berlin, *Am kürzeren Ende der Sonnenallee.*

Nach der Jahrtausendwende verfasste Thomas Brussig weiterhin Texte, die beim Publikum und bei der Literaturkritik auf Resonanz stießen: Im Jahr 2000 veröffentlichte er das Schauspiel *Heimsuchung,* das im Staatstheater Mainz uraufgeführt wurde. Es folgten die Romane *Leben bis Männer* (2001) und *Wie es leuchtet* (2004) sowie die literarische Studie *Berliner Orgie* (2007), in der er das Rotlichtmilieu der deutschen Hauptstadt beschreibt. Sein bisher letztes literarisches Werk ist *Schiedsrichter fertig. Eine Litanei* (2007).

Thomas Brussig ist einer der ersten Schriftsteller aus den neuen Bundesländern, die nach der Wende eine erfolgreiche gesamtdeutsche Karriere starten konnten. Seine Bücher sind sowohl im Osten als auch im Westen beliebt. Er erhielt u. a. den Hans-Fallada-Preis (2000) der Stadt Neumünster und die Carl-Zuckmayer-Medaille (2005). Thomas Brussig genießt die Anerkennung der Literaturkritik und wird auch von erfahrenen Kollegen geschätzt. So empfiehlt sogar der Literatur-Nobelpreisträger Günter Grass den Roman *Helden wie wir,* und Wolf Biermann, der 1976 aus der DDR ausgebürgerte Liedermacher, bezeichnet ihn als „herzerfrischendes Gelächter"³. Brussig gilt als ein Autor, dem es gelungen ist, die jüngste deutsche Vergangenheit mit leichter Feder literarisch aufzuarbeiten.

3 Entstehungsgeschichte des Romans

Etwas ungewöhnlich ist die Entstehungsgeschichte des Romans. Am 7. Oktober 1999 startete der **Kinofilm** *Sonnenallee*. Zu dem Film schrieb Thomas Brussig gemeinsam mit dem Regisseur **Leander Haußmann**, der ebenfalls aus der DDR stammt, das Drehbuch. Für das Drehbuch erhielten sie im Februar 1999 den Drehbuchpreis der Bundesregierung, im Sommer 2000 gewann der Film den Bundesfilmpreis in Silber. Der Film ist nicht – wie so häufig – die Verfilmung des Romans von Thomas Brussig, da das Drehbuch bereits vorher fertig gestellt war. Der Roman ist aber auch nicht das ‚Buch zum Film': Beide Projekte sind relativ eigenständig, auch wenn sie **Gemeinsamkeiten in Handlung und Personenkonstellation** aufweisen. Bei der Arbeit am Drehbuch und der Auswahl der Episoden hatte der Regisseur Haußmann die Federführung. Nach Fertigstellung hatte Brussig noch zahlreiche Ideen und entschloss sich, den Stoff zusätzlich im Roman zu verarbeiten: „[…] so entstand die Lust am eigenen Buch. Es ist mein Buch, und es ist Leanders Film."⁴ Seit Oktober 2000 ist der Film zudem als Kauf- und Leihvideo erhältlich.

In dem Roman erzählt Brussig die Geschichte mehrerer Jugendlicher, die am kürzeren Ende der Sonnenallee wohnen. Diese Straße im Stadtteil Neukölln/Treptow wurde von den vier Besatzungsmächten nach Ende des Krieges geteilt: die Hausnummern 1 bis 370 lagen im Westen Berlins, das kürzere Ende bis Hausnummer 411 wurde dem sowjetischen Sektor der geteilten Stadt, dem späteren Ost-Berlin, zugeschlagen.

Im Schatten der Mauer versuchen die Jugendlichen, ihr Leben zu gestalten. Brussig möchte in verschiedenen Episoden das **Lebensgefühl der Jugend in der DDR** auf humorvolle, teils skurrile Art und Weise lebendig werden lassen. Der Autor schwärmt in nostalgischen Erinnerungen von der DDR: „Ich hatte den Vorsatz, mal ein richtig liebevolles, verklärendes Buch zu schreiben. [...] In dem Buch geht es nicht darum, wie die DDR war, sondern darum, wie man sich heute an sie erinnert."5 Brussig möchte mit dem Roman einen Beitrag dazu leisten, dass Menschen aus dem Westen verstehen, wie ehemalige DDR-Bewohner ihre Vergangenheit sehen. Auch wenn sich die Menschen aus dem Osten mit Zufriedenheit an ihr Leben in der DDR erinnerten, heiße das noch lange nicht, sie würden die politischen Verhältnisse wiederhergestellt sehen wollen: „Deshalb denke ich, dass das Buch tatsächlich geeignet ist, dieses deutsch-deutsche Missverständnis ein bisschen aufzuhellen. Ich hoffe, dass die Westler verstehen lernen, dass die Ostdeutschen, wenn sie sich an die DDR gerne erinnern, diesen Staat trotzdem nicht wiederhaben wollen. Den Ostdeutschen muss dagegen klar werden, dass die Erinnerungen an die DDR nicht dazu geeignet sind, Tagespolitik zu machen."6

4 Vergleich: Film und Roman

Der Film *Sonnenallee*, zu dem Thomas Brussig gemeinsam mit dem Regisseur Leander Haußmann das Drehbuch schrieb, ist nicht die Verfilmung des Romans, sondern ein **eigenständiges Projekt**. Der Roman, in dem Brussig einige Episoden des Films aufgreift, aber andere Schwerpunkte setzt, entstand zeitlich nach dem Drehbuch und ist kein Buch zum Film. Wer allein den Kinofilm sieht, erhält keinen umfassenden Einblick in die Handlung. Dazu sind die Unterschiede zwischen den Medien zu groß.

Das **Personeninventar** des Films, den schon in den ersten Jahren über 2,5 Millionen Zuschauer gesehen haben, unterscheidet sich von dem des Romans. Die Hauptperson heißt dort Michael Ehrenreich. Im Zentrum der Handlung steht die Liebesgeschichte zwischen ihm und Miriam Sauer. Im Leinwandstreifen ist es nicht ihr Bruder, der Informationen verkauft, sondern eine Schwester.

Die Familie von Micha ist weitgehend mit der im Roman identisch. Der Vater ist der DDR gegenüber kritisch eingestellt, die Mutter versucht mit einem gefundenen Pass zu fliehen, die Schwester Sabine wechselt ständig ihre Freunde und lässt sich von ihnen stark beeinflussen. Es fehlt allerdings der Bruder Bernd. Dafür sieht sich Micha vor die Entscheidung gestellt, ob er den Wehrdienst antreten soll oder nicht. Auch die Figur des Onkel Heinz ist im Film ähnlich angelegt wie im Roman.

Michas Freundeskreis, die Clique, ist im Film etwas größer als im Roman. Mario und Wuschel stechen als Figuren heraus und werden genauer dargestellt, wobei Wuschel allerdings keinerlei Ähnlichkeit mit Jimi Hendrix aufweist. Er ist genau wie im Roman auf der Suche nach dem *Exile on Main Street*-Album der Rolling Stones. Mario hat eine Beziehung mit Sabrina, der Existenzialistin, die schließlich zur Heirat der beiden führt, als sie ein Kind erwarten. Mario ist – obwohl er von der Schule verwiesen wird – nicht der große Rebell und Revolutionär wie im Roman, sondern arrangiert sich am Ende sogar mit dem Regime, als er sich zur Stasi meldet.

Die Rolle des ABV (Abschnittsbevollmächtigten) ist im Film größer angelegt als im Roman. Dies ist vielleicht darauf zurückzuführen, dass einer der Produzenten des Films, Detlev Buck, die Rolle spielt. So kommt der ABV etwa bei Familie Ehrenreich in die Wohnung, um mitzuteilen, ein Pass werde vermisst. Im Film wird dabei im Gegensatz zum Roman sofort deutlich, dass die Mutter diesen Ausweis gefunden hat und plant, damit die

Grenze zu übertreten. Der ABV erscheint auch bei der Schuldisco und entfernt zusammen mit der Direktorin den mit Miriam knutschenden Westler. Dieser Westler ist übrigens die einzige Person, mit der Miriam sich trifft und eine Liebesbeziehung unterhält. Es gibt keinen Jungen aus der DDR mit einem Motorrad. Der Westler von der Schuldisco ist identisch mit dem Hotelpagen, der auch im Film wegen eines Kofferraums voller Waffen verhaftet wird.

Detlev Buck als ABV

Ebenso wie die Personen weichen die **Handlungsstränge** in einigen wesentlichen Punkten voneinander ab. Ein Liebesbrief, der im Roman von großer Bedeutung ist und einen der Haupt-Handlungsstränge begründet, existiert im Film nicht. Auch gibt Miriam Micha kein Kuss-Versprechen auf der FDJ-Versammlung. Im Film werden zu keiner Zeit die Probleme Miriams mit dem System thematisiert.

Der Grund, warum Micha und Mario vor der Direktorin erscheinen müssen, sind nicht die auch im Film gezeigten Hungerposen vor den Touristen, sondern die Geschehnisse auf der Party. Dort haben die beiden im Drogenrausch – Sabrina hatte selbstgemachte Drogen mitgebracht – vom Balkon in den Todesstreifen uriniert. Diese Handlung ist von der Plattform im Westen fotografiert und in einer Zeitung veröffentlicht worden. Die Direktorin wertet das als Angriff auf Marx, Lenin und den Staat.

Der Anlass, warum die Party überhaupt stattfindet, ist nicht, dass Mario Micha helfen möchte, an Miriam heranzukommen, sondern einfach der Umstand, dass seine Eltern nicht da sind.

Nachdem Miriam die Party verlassen hat, rennt Micha ihr hinterher und erzählt von den Tagebüchern. Die möchte Miriam gern lesen und so muss Micha über Nacht seine Tagebücher verfassen. In dieser Nacht passieren dann die unglaublichen Dinge am Todesstreifen. Wuschel besitzt aus unerfindlichen Gründen plötzlich die Doppel-LP, Mario und Sabrina sind auf dem Spielplatz, der Grenzer stöpselt die Stereo-Anlage ein und der Strom fällt aus. Ein Soldat wirft eine Zigarettenkippe in eine Kiste mit Leuchtkugeln – das Chaos ist perfekt. Der ABV schießt Wuschel nieder, aber die Platte rettet ihm das Leben.

Micha geht mit seinen Tagebüchern zu Miriam und wird von ihr erhört – die beiden schlafen miteinander. Zur gleichen Zeit hat Wuschel den Unfall mit dem Westler, was ihm fünfzig Mark einbringt, mit denen er sich ein neues Album kauft. Als er seine LP zusammen mit Micha hören will, stellt sich heraus, dass er eine Fälschung erworben hat. Micha empfiehlt, dies zu ignorieren. Die beiden tanzen und spielen Luftgitarre auf dem Balkon. Dadurch angeregt, beginnen auch die Leute auf der Straße zu tanzen, schließlich die Soldaten an der Grenze. Diese Szene deutet den beginnenden Wandel in der DDR an.

Die Schlussszene spielt in der Wendezeit. Der Grenzübergang ist offen; Micha und Wuschel tanzen durch die Mauer. Die DDR ist Geschichte.

Der wesentliche Unterschied zwischen Film und Roman liegt in der **Hauptaussage**. Im Film stehen das Lebensgefühl der Jugendlichen und die Liebesgeschichte eindeutig im Vordergrund. Das System der DDR wird weniger thematisiert. Das ist allerdings ein Aspekt, der im Roman breiten Raum einnimmt. Die Episoden, die sich mit dem Thema beschäftigen, finden sich exklusiv im Roman, so beispielsweise das Gespräch Michas mit dem Kulissenschieber (vgl. *Interpretationshilfe*, S. 68–71), die Landkaufaktion, die Wahlfälschung durch Bernd und die Geburt des Kindes unter Mithilfe von Gorbatschow (vgl. *Interpretationshilfe,* S. 77 f.). Der Film *Sonnenallee* stellt somit keinen Ersatz für die Lektüre des Romans dar, sondern kann nur als eine Ergänzung für sein Verständnis im Sinne einer **Parallele** dienen.

Inhaltsangabe

1. Kapitel: „Churchills kalter Stumpen" (S. 7–10)7

Der Erzähler berichtet, wie Michael Kuppisch, von allen Micha und von seiner Mutter Mischa genannt, stets positive Erfahrungen bei anderen DDR-Bürgern sammelt, wenn er sagt, dass er in der Sonnenallee wohnt.

Michas Vorstellung, wie es zur Teilung der Sonnenallee, von der der lange Teil im Westen Berlins liegt, das kürzere Ende dagegen im Osten, gekommen ist, ist Folgende:

Bei der Potsdamer Konferenz im Sommer 1945, als die Siegermächte Berlin unter sich aufgeteilt haben, hat Stalin eine Straße mit einem so schönen Namen für seinen Sektor haben wollen. Natürlich hat Truman dieses Ansinnen abgelehnt. Als der Streit zwischen den beiden zu eskalieren droht, schiebt sich Churchill dazwischen. Während er die Karte betrachtet, erlischt seine Zigarre und Stalin reicht ihm Feuer. Zum Dank erhält er dafür von Churchill als Kompromiss sechzig Meter der Sonnenallee zugeteilt.

Die Konferenz von Potsdam 17. Juli – 2. August 1945, Gruppenfoto mit Stalin, Truman und Churchill

Michael Kuppisch ist ein Junge, der viel über Erklärungen für die Absonderlichkeiten nachdenkt, die ihm widerfahren. Da sind zum Beispiel die ihm zugedachten Schmährufe der Besucher aus dem Westen, die von einer Aussichtsplattform an der Mauer in den Osten blicken, und der Umstand, dass der erste Liebesbrief, den er erhalten hat, in den für ihn unerreichbaren Todesstreifen an der Mauer geweht ist, noch bevor er ihn gelesen und den Absender erfahren hat.

Der Erzähler beschreibt, Michas Situation in der Sonnenallee sei exemplarisch für die vieler anderer Jugendlicher in seinem Alter in der damaligen DDR.

2. Kapitel: „Die Verdonnerten" (S. 11–31)

Micha und seine Freunde treffen sich regelmäßig auf einem Spielplatz an der Sonnenallee. Dort hören sie gern Musik, am liebsten die verbotenen Songs von den Rolling Stones und anderen Bands aus dem Westen. Wer diese Lieder verboten hat und warum, wissen sie nicht.

Als sie eines Tages wieder Musik hören, *Moscow, Moscow* von der Gruppe Wonderland, erscheint der Abschnittsbevollmächtigte (ABV) auf dem Spielplatz. Er hat gehört, dass die Jugendlichen von etwas Ungesetzlichem gesprochen haben, und hakt nach. Die Clique versucht, ihm weiszumachen, „verboten" drücke in der Jugendsprache eine positive Zustimmung aus. Sie lenken ihn ab, indem sie über Dienstgrade bei der Volkspolizei reden, und die Jungen erfahren, dass der Obermeister bald zum Unterleutnant befördert werden soll. Es wird weiter deutlich, dass der ABV nach einem verlorenen Reisepass der Westdeutschen Helene Rumpel fahndet. Im Gehen fällt dem Polizisten wieder das Lied ein, das er beim Erscheinen gehört hat. Er lässt es sich noch einmal vorspielen und beschlagnahmt dann Michas Audiokassette, weil er selbst ab und zu als DJ arbeitet und im Kreis der Kollegen Musik auflegt.

Nach einer Woche ist der ABV nicht befördert, sondern degradiert worden. Micha denkt sich, dies hänge mit dem verbotenen Lied zusammen, das der Polizist auf der Beförderungsfeier abgespielt hat. Die Folge für Micha ist, dass er nun bei jeder Begegnung mit dem ABV einer Ausweiskontrolle unterzogen wird.

Miriam besucht die gleiche Schule wie Micha und die anderen aus der Clique und wird von allen umschwärmt. Miriams Verhältnis zu den Männern ist schwer nachvollziehbar. Sie wird gelegentlich von einem Mann mit einem AWO-Motorrad abgeholt, den sie küsst, aber den keiner kennt.

Micha ist in Miriam verliebt. Er betet sie an, traut sich allerdings nicht, sie anzusprechen. Also versucht er – über Miriams zehnjährigen Bruder – an Informationen über sie zu gelangen, wie es übrigens alle Schüler der oberen Klassen tun. Dieser lässt sich seine Auskünfte mit hochwertigen Matchbox-Autos aus dem Westen bezahlen. Aufgrund seines Wissens ist Miriams Bruder unantastbar.

Als Mario, ein Freund Michas und Mitglied der Clique von der Sonnenallee, eine im Foyer der Schule hängende Parole Lenins verunstaltet, nimmt Micha die Tat auf sich, weil Mario sonst mit einem Verweis von der Schule rechnen muss. Wegen Beleidigung Lenins wird Micha zu einem Diskussionsbeitrag verurteilt. Diese Redebeiträge sind bei allen gefürchtet. Micha hat nun Angst, dass Miriam ihn für einen Parteigänger hält, wenn er einen Diskussionsbeitrag zum Thema „Was uns die Zitate der Klassiker des Marxismus-Leninismus heute sagen" hält. Also muss er versuchen, vorher Kontakt mit ihr aufzunehmen, um diesen Verdacht erst gar nicht aufkommen zu lassen.

Zwei Wochen vor dem Diskussionsbeitrag findet die Schuldisco statt, die Micha für seinen Vorstoß auswählt. Allerdings haben alle Jungen der oberen Jahrgänge die gleiche Idee, sodass der Ort denkbar ungünstig für eine Kontaktaufnahme mit ihr ist. Miriam erscheint erst sehr spät und unterhält sich mit ihrer nicht besonders hübschen Freundin, dem so genannten „Schrapnell". Mit der Freundin will keiner tanzen. Schließlich fasst sich Micha ein Herz und fordert Miriam in einer Musikpause auf. Leider ist das nächste Lied ein Ost-Song, auf den niemand tanzt. Miriam reagiert daher gar nicht auf seine Aufforderung, sodass er unverrichteter Dinge wieder auf seinen Platz zurückkehren muss. Das stellt eine große Blamage dar, obwohl jeder ihm Anerkennung für seinen Mut zollt.

Kaum auf seinen Platz zurückgekehrt, müssen Micha und die anderen feststellen, dass eine Gruppe von Jungen, die nicht zur Schule gehört, mit Miriam und den besser aussehenden Mädchen tanzt. Miriam tanzt nicht nur mit ihrem Partner, sondern sie küssen sich auch. Plötzlich geht das Licht an und die Direktorin Erdmute Löffeling betritt den Saal. Die Fremden stammen aus dem Westen. Miriams Tanzpartner wird des Saales verwiesen und Miriam ebenfalls, genau wie Micha, zu einem Diskussionsbeitrag auf der Versammlung zu den FDJ-Wahlen verdonnert. Das kommt Micha natürlich sehr gelegen.

Die beiden treffen sich vor ihren Vorträgen hinter der Bühne, während ein FDJ-Funktionär eine langweilige Rede hält. Auf Miriams Frage, was er denn ausgefressen habe, versucht Micha, ihr die Geschichte zu erzählen, doch sie hört ihm gar nicht zu. Sie unterbricht ihn mit dem Hinweis, Jungen aus dem Westen würden ganz anders küssen. Als sie ihm dies zeigen möchte, gerät Micha in Verzückung. Doch kurz bevor sich ihre Lippen berühren, wird Miriam zu ihrem Diskussionsbeitrag aufgerufen. Sie verspricht, ihm das irgendwann zu zeigen. Berauscht von dem Beinahe-Kuss und dem Versprechen, gerät Micha bei seinem Vortrag in Extase und schwärmt leidenschaftlich von der Liebe, was bei seiner Direktorin auf Zustimmung stößt, da Revolutionäre leidenschaftlich sein dürfen.

Am Ende der Veranstaltung unterhalten sich Miriam und Micha noch kurz. Er teilt ihr mit, dass er während ihres Vortrags, als sie gesagt hat, sie würde einem den Wehrdienst ableistenden Freund treu sein, gesehen hat, wie sie hinter dem Rücken die Finger gekreuzt habe. Miriam stellt fest, ein gemeinsames Geheimnis zu haben, und fährt gemeinsam mit dem Jungen, der die AWO besitzt, davon. Glückselig geht Micha nach Hause.

Proben zur FDJ-Versammlung am 1. Mai in Ost-Berlin, Karl-Marx-Allee

3. Kapitel: „Woalledurcheinanderreden" (S. 32–42)

Zu Michas Familie gehören noch die Mutter Doris und der Vater sowie die älteren Geschwister Bernd und Sabine.

Bernd ist bei der Armee, obwohl er aufgrund seines Geburtstages am 29. Februar keinen Musterungsbescheid bekommen hat. Nach einer Aufforderung in der Zeitung hat ihn seine Mutter gebeten, sich beim Wehrkreiskommando zu melden. Widerwillig geht Bernd zur Musterung. Zurückgekehrt vom Wehrkreiskommando erzählt Bernd, dort würden alle Armeeangehörigen eine komische Sprache mit vielen Superlativen benutzen. Als Bernd später selbst bei der Armee ist, verwendet er auch für alltägliche Verrichtungen eine militärische Ausdrucksweise. Die Familie ist überzeugt, dieser Umstand sei nur von kurzer Dauer.

Micha ist der Meinung, dass sein enges Zuhause anstrengend ist. Da sein Vater Straßenbahnfahrer mit unregelmäßigen Arbeitszeiten im Schichtdienst ist, weiß Micha beispielsweise nie, wann er zu Hause ist.

Sabine ist in einem Alter, in dem sie beginnt, feste Freundschaften zu schließen. Die Namen der Freunde kann sich Micha nicht merken, da sie ständig wechseln, und so nennt er die Freunde Sabines stets „ihren Aktuellen". Diese Freunde beeinflussen Sabine immer sehr stark. So will sie sogar in die SED eintreten, was ihr Vater, der davon gar nichts hält, verhindern kann.

Trotz der Enge hat in der Wohnung ein großer Ohrensessel Platz, der der Lieblingssitz von Michas Onkel Heinz ist, der am langen Ende der Sonnenallee, also im Westteil Berlins, wohnt und der regelmäßig zu Besuch kommt.

Obwohl seine Frau ihn dazu drängt, lehnt Herr Kuppisch es ab, das *Neue Deutschland*, das Zentralorgan der SED, zu lesen. Er möchte bei seiner *Berliner Zeitung* bleiben, auch wenn sein Nachbar, von dem alle vermuten, dass er bei der Stasi sei, das *ND* liest. Über dieses Thema gibt es zwischen Herrn und Frau Kuppisch endlose Streitereien, an deren Ende Herr Kuppisch immer feststellt, eine Eingabe schreiben zu müssen, woraufhin seine Frau ihn ermahnt, aber ja vorsichtig zu sein. Eingaben sind Beschwerden zu allen möglichen Themen und der einzige Weg, den Mächtigen im Land zuzusetzen.

Onkel Heinz, der Bruder von Frau Kuppisch, schmuggelt bei seinen Besuchen, trotz Angst, an der Grenze erwischt zu werden, regelmäßig Gegenstände für die Familie. Es sind aber immer nur Dinge, deren Einfuhr sowieso erlaubt ist. Die Bitten Michas, doch einmal eine verbotene Schallplatte oder ein Matchbox-Auto mitzubringen, lehnt er mit Hinweis auf drohende Haftstrafen in Sibirien ab. Die Wohnung der Kuppischs hält Onkel Heinz wegen einer geringfügigen Asbest-Belastung für lebensgefährlich. Obwohl die Bedrohung bei Kuppischs im Laufe der Zeit in Vergessenheit gerät, erwähnt Onkel Heinz bei jedem Besuch, die Wohnung sei die reinste Todeszelle. Als die Familie in einer Bild-Zeitung liest, dass Killer-Asbest Krebs verursache und nach fünfzehn Jahren zum Tod führe, gerät die Familie in leichte

Panik, und man rechnet nach, wie lange man schon in der Wohnung lebt. Von einer Eingabe rät Frau Kuppisch ab, weil das die Studienpläne, die sie für ihren Sohn Micha hat, behindern könnte. Er soll nämlich einmal in Moskau studieren, was zur Bedingung hat, Micha müsse eine bestimmte Schule – das so genannte „Rote Kloster" – zur Vorbereitung besuchen. Dafür sei ein tadelloser Ruf nötig, den die ganze Familie zu wahren habe.

Wenn Busse mit Touristen aus dem Westen in der Sonnenallee vorfahren, bieten Mario und Micha den Insassen ein Schauspiel, indem sie Hungernde spielen, die in Mülltonnen wühlen, sich um Salatblätter prügeln und um eine milde Gabe betteln. Dabei werden sie von den Touristen fotografiert und haben einen Riesenspaß. Dies tun sie auch, um eventuell Miriam zu beeindrucken, die ihr Theater beobachten könnte. Allerdings tut sie es nie.

4. Kapitel: „Die drei von der Tanzschule" (S. 43–50)

Nach dem Versprechen des Kusses trifft Micha Miriam auf der Straße, man weiß sich allerdings nichts zu sagen. Von ihrem Bruder erfährt er, Miriam habe sich zum Tanzunterricht angemeldet. Er erzählt das seiner Clique, woraufhin sich diese ebenfalls dort anmeldet. Micha bringt den Schritt nicht übers Herz. Er beobachtet die Tanzstunde aber aus dem Treppenhaus gegenüber. Sie wird von der übergewichtigen Frau Schlooth und zwei Turniertänzern, die Micha die „Turniertanzschwuchteln" nennt, geleitet. Micha studiert die Abläufe im Unterricht und kommt zu dem Schluss, dass er doch daran teilnehmen sollte, und meldet sich an.

Seine Mutter besteht darauf, er solle seinen mittlerweile zu klein gewordenen Anzug von der Jugendweihe zu den Tanzstunden tragen. Dafür erntet er lästernde Kommentare von den West-Touristen auf der Aussichtsplattform. Zudem wird er vor jeder Tanzstunde vom ABV direkt vor jenem Turm kontrolliert.

Im Gegensatz zu den sonstigen Tanzkursen ist das Verhältnis von Männern und Frauen dieses Mal ausgeglichen. Das liegt an Miriam und ihren Verehrern. Deutlich wird das, als nach der Aufforderung zur Wahl einer Dame alle Jungen auf Miriam losstürmen, wobei Rempeleien und Stürze in Kauf genommen werden. Micha gelingt es, als Erster zu ihr vorzudringen. Beim anschließenden Tanz benimmt er sich so ungeschickt, dass Miriam sich nach kurzer Zeit wünscht, ihn wieder los zu werden. Aber alle anderen Jungen stellen sich ebenso linkisch an wie er.

Die Tanzstunden verlaufen in jeder Woche nach diesem Muster, bis Micha es revolutioniert. Er sichert sich den letzten Tanz mit Miriam, indem er vorher den Plattenstapel der Lieder durchzählt und so weiß, welche Tanzpartnerin er zu Beginn wählen muss, um den letzten Tanz mit Miriam bestreiten zu können. Während sich also alle um den ersten Tanz mit Miriam streiten, kann er sich gemächlich die der Anzahl der Lieder entsprechende Partnerin sichern. Darüber bewahrt er natürlich Stillschweigen. Die Tanzpartnerinnen vor Miriam nutzt Micha schamlos aus, um zu üben, wobei es schon mal zu Stürzen und Verletzungen kommt, was ihm den Ruf eines „Mädchenschänders" einbringt. Bis er bei Miriam anlangt, ist es ihm aber immer gelungen, die Tänze zu beherrschen. Er scheut sich dabei nicht, die Kompetenz der „Turniertanzschwuchteln" auszunutzen. Deswegen erwählt ihn Miriam zum besten Tänzer und fragt ihn, ob er sie nicht zum Abschlussball begleiten möchte. Michas Plan ist aufgegangen.

5. Kapitel: „Fünfzig West zuwenig" (S. 51–58)

Wuschel nimmt im Gegensatz zu seinen Freunden nicht am Tanzunterricht teil, da er sich ausschließlich für das Musikhören interessiert. Er macht sich auf die Suche nach dem Rolling-Stones-Doppelalbum *Exile on Main Street*, das er auf Kassette überspielen möchte.

Er versucht es zunächst bei Franki, einem „Ex-Knacki", der die Platte jedoch an einen Hippie aus Strausberg weitergegeben hat. Wuschel fährt mit seinem Klapprad ca. 40 km nach Strausberg. Dort erfährt er, dass dieser die Platte mit einem gewissen Bergmann aus Berlin getauscht hat, woraufhin Wuschel unverrichteter Dinge wieder zurückradelt.

Als sein Sportlehrer erfährt, welche Distanzen Wuschel mit dem Klapprad zurücklegt, möchte er ihn für den Radsport gewinnen, was Wuschel jedoch ablehnt. Er wolle höchstens Stabhochsprung betreiben, da er damit die Mauer überwinden könnte. Das erzählt er dem Lehrer natürlich nicht.

Bei Bergmann hat Wuschel auch keinen Erfolg. Dessen Freundin hat aus Wut darüber, dass er wiederholt aus eigener Dummheit keinen Urlaub vom Wehrdienst erhalten hat, die Doppel-LP zerstört, die Bergmann aus Angst vor einer Hausdurchsuchung in das Cover eines russischen Militärchores gesteckt hat.

Wuschel hört von einem Mann namens Kante, der mit verbotenen Platten handelt. Er trifft ihn unter einer Brücke und trägt sein Anliegen vor. Kante will ihm die Platte besorgen, die dreihundert Mark Ost oder fünfzig Mark West kosten soll. So viel Geld hat Wuschel allerdings nicht zur Verfügung.

6. Kapitel: „Ton oder Knete, das ist hier die Frage" (S. 59–72)

Da Onkel Heinz der Schmuggel von LPs zu gefährlich ist, besitzt Micha keine West-Platten. Eines Tages wird Onkel Heinz, während er eine Rolle Kekse schmuggelt, vom Grenzbeamten in die Zollbaracke gebeten. Er sieht sich schon im Strafvollzug in Sibirien, aber der Grenzer denkt, Onkel Heinz sei wegen seiner häufigen Besuche ein Freund der DDR. Angesichts einer beschlagnahmten Stereo-Anlage aus japanischer Produktion unterhält man sich über die Vorzüge der Radios aus der DDR-Fabrikation. Onkel Heinz ist der Überzeugung, dass Familie Kuppisch gar nicht ermessen kann, welchen Gefahren er sich aussetzt.

Onkel Heinz stellt fest, dass seine Schwester, Frau Kuppisch, aussieht, als sei sie zwanzig Jahre älter geworden. Ihr Gespräch dreht sich um das nicht vorhandene Telefon, um Pollenallergien und den Zusammenhang zwischen den beiden Bereichen.

Frau Kuppisch versucht weiterhin, den vermeintlichen Stasi-Nachbarn zu beeindrucken. Dazu hat sie das *ND* abonniert und den Briefkasten präpariert, damit es immer aus dem Schlitz herausschaut. Außerdem leiht sie sich bei ihm zwei Luftmatratzen, da sie zeitweise zwei Teilnehmer eines Jugendfestivals aufnehmen will. So beweist sie ihm ihre sozialistische Gesinnung.

Onkel Heinz hat sich beim nächsten Besuch sehr verändert. Er hat fünfzehn Kilo abgespeckt, um für Micha einen Anzug zu schmuggeln, den er beim Abschlussball tragen soll. Mit dem Anzug erregt er vor der Aussichtsplattform kein Aufsehen mehr.

Beim Abschlussball sind Micha und Miriam ein beeindruckendes Paar. Alles läuft wunderbar und Michael fühlt sich großartig, bis Miriam nach dem Tango plötzlich den Ball verlässt. Sie sagt, dass man gehen solle, wenn es am schönsten sei. Sie wird wieder von dem AWO-Fahrer abgeholt. Micha läuft ihr noch hinterher und ruft ihr etwas zu, aber sie reagiert nicht. Kurz darauf verlässt auch Micha, der von allen bemitleidet wird, die Veranstaltung.

Einige Zeit später findet er im Briefkasten einen Liebesbrief ohne Absender. Er öffnet den Umschlag vor dem Haus. Bei einem Zusammenprall mit dem ABV, der ihn kontrollieren will, verliert er den Brief, der daraufhin bis in den Todesstreifen weht. Weil Micha nicht weiß, von wem der Brief stammt, hofft er inständig, er sei von Miriam. Er denkt an nichts anderes mehr als daran, den Brief aus dem Todesstreifen zu bergen.

7. Kapitel: „Non, je ne regrette rien" (S. 73–83)

Micha und Mario versuchen, den Brief mithilfe eines in Klebstoff getränkten Radiergummis zu angeln. Während sie warten, dass der Klebstoff aushärtet, erzählt Mario von seiner neuen Freundin.

Er hat sie im Fahrstuhl eines Hochhauses getroffen, während er mit seinem Freund Brille über unpolitische Studienrichtungen diskutiert hat. Er bemerkt beim Verlassen des Fahrstuhls, dass sie in den 13. Stock fährt, und nimmt die Treppe, um ihr zu folgen, weil ihn ihr Lächeln fasziniert hat. Als er vor ihrer Tür steht, kommt die Frau heraus. Sie unterhalten sich die ganze Nacht. Dabei erfährt Mario, dass die Frau eine Existenzialistin ist. Man hört Edith Piaf und trinkt reichlich Wein. Die beiden reden darüber, was Jean Paul Sartre zur Berliner Mauer sagen würde, weil es sie nämlich irgendwann nicht mehr geben werde. Dann legt sie *Je t'aime* auf und verführt Mario. Er ist damit der Erste aus der Clique, der Geschlechtsverkehr hat, was Micha natürlich fasziniert: Er will alles ganz genau wissen.

Während Marios Geschichte ist der Klebstoff getrocknet, aber man fischt unter dem Gejohle der Besucher der Aussichtsplattform nur eine weiße Plastiktüte aus dem Todesstreifen, weil Mario aufgrund seiner nächtlichen Aktivitäten zu müde gewesen ist, um den Liebesbrief zu erkennen.

Drei Wochen später werden Mario und Micha zu ihrer Direktorin gerufen. Der Grund dafür ist ein Foto von ihrer Bettelnummer, das in einer westdeutschen Zeitschrift erschienen ist. Micha bekommt große Angst, als er erfasst, was das bedeutet. Bis jetzt hat er sich immer noch aus derartigen Situationen befreien können. Glücklicherweise gelingt ihm das auch diesmal, indem er den Klassenfeind im Westen der Lüge bezichtigt und dies als Indiz dafür wertet, in welcher Bedrängnis sich der Kapitalismus befindet. Ein ebenfalls anwesender SED-Funktionär der Kreisleitung ist von der Rede fasziniert. Zur Strafe muss Micha trotzdem einen Diskussionsbeitrag halten.

Mario will sich nicht aus der Sache befreien und redet sich stattdessen um Kopf und Kragen, sodass er von der Schule verwiesen wird. Er wird von seiner Freundin getröstet und für ihn beginnt die angenehmste Zeit seines Lebens, da er keinerlei Verpflichtungen mehr hat. Die Existenzialistin versucht, wie Diogenes in einer Tonne in der märkischen Einöde zu leben, bricht diesen Versuch aber nach kurzer Zeit wegen der Unbequemlichkeit ab. Trotzdem haben die beiden durch ihren Ausflug die Vorgänge während des Jugendfestivals verpasst.

8. Kapitel: „Avanti Popolo" (S. 84–90)

Zum Jugendfestival quartieren sich Udo und Olaf aus Pirna bei den Kuppischs ein. Sie sind fasziniert von der Nähe zur Mauer und den Gefahren, die wegen der hohen Kriminalität im Westen davon ausgehen. In volltrunkenem Zustand beschließen die beiden, die Weltrevolution in den Westen zu tragen. Sie halten Autos auf dem Rückweg in die BRD an, zwingen die Fahrer, gemeinsam mit ihnen sozialistische Kampflieder zu singen, und installieren DDR-Fähnchen an Mercedessternen. Ein Westberliner weist jedoch darauf hin, dass sein revolutionärer Eifer gebremst sei, seitdem er das mangelhafte Angebot im Gemüseladen an der Ecke gesehen habe. Olaf und Udo werden in Zwangsjacken abgeführt, und Familie Kuppisch wird ins Polizeipräsidium geladen, um die Sache aufzuklären.

Während der Besprechung der Angelegenheit kommt dem Parteisekretär, übrigens dem gleichen, der Mario von der Schule verwiesen hat, die Idee, dass der Gemüseladen der beste im Land werden muss, damit die Westbesucher bei der Einreise sofort sehen, wie gut es um die Versorgungslage in der DDR bestellt ist. Leider funktioniert der Plan nicht, da sich aufgrund des hervorragenden Angebots nun lange Schlangen vor dem Laden bilden, was wiederum keinen guten Eindruck bei den Westbesuchern hinterlässt. Daraufhin wird der Laden zu einem Geschäft für DDR-Devotionalien umgebaut. Für die Bewohner der Sonnenallee bleibt er allerdings der Gemüseladen. Selbst nach der Wende erzählt Herr Kuppisch gern die Geschichte vom Gemüseladen, wenn er das Paradoxe der DDR illustrieren möchte.

9. Kapitel: „Das Herz ein Stück größer" (S. 91–93)

Micha ist der Letzte, der nach der Befragung das Präsidium verlässt. Er hofft, Miriam auf dem Weg von der S-Bahn zur Sonnenallee zu treffen, wie er es so häufig tut. Er wünscht sich dann immer, vom ABV kontrolliert zu werden, um Miriam zu imponieren, aber das geschieht nie.

Bei seinen Begegnungen mit Miriam erfährt Micha nicht, ob der Liebesbrief von ihr stammt. Er hofft zudem jedes Mal auf den versprochenen Kuss. Als er Miriam darauf anspricht, sagt sie, er werde ihn irgendwann bekommen und er habe so stets etwas, worauf er sich freuen könne. Da erkennt Micha, dass er Miriams Intelligenz unterschätzt hat. Er kommt zu der Überzeugung, reifer und erwachsener werden zu müssen, um bei Miriam eine Chance zu haben. Seine bisherigen Versuche, sie zu beeindrucken, erscheinen ihm plötzlich kindisch.

10. Kapitel: „Der hinterletzte Russenstiefelputzer in der asiatischen Steppe" (S. 94–100)

Der Grenzer zeigt Onkel Heinz bei einem Grenzübertritt die weiße Grenzmarkierung, die er alle zwei Jahre heimlich zehn Zentimeter gen Westen verschiebt. So werde in 70 Millionen Jahren Osteuropa bis zum Atlantik reichen.

Reisen ist in der DDR nicht einfach, da man eine staatliche Erlaubnis benötigt, die aus bestimmten Gründen versagt werden kann. So hat die Existenzialistin z. B. ein Buch aus dem Westen geklaut und darf deshalb nicht reisen.

Sabines Aktuellem, einem Bergsteiger namens Lutz, ist es gelungen, schon einmal bis nach China zu reisen. Er erzählt der Familie, wie er dies geschafft hat. Dazu musste er u. a. ein mongolisches Dienstsiegel mithilfe einer Münze fälschen.

Beim Grenzübertritt nach China hat Lutz die Grenze einen halben Tag lang beobachtet, bis er den scheinbar rangniedrigsten Grenzsoldaten identifiziert hat. Nach dessen Verweigerung der

Einreise hat Lutz so lange protestiert, bis ein Vorgesetzter gekommen ist und die Entscheidung seines Untergebenen natürlich rückgängig gemacht hat, denn Untergebene können niemals Recht haben. Für eine Reise in den Westen sieht Lutz jedoch keinerlei Chancen.

Frau Kuppisch dagegen sieht eine derartige Möglichkeit, denn sie hat den vermissten Reisepass von Helene Rumpel gefunden. Um ihr ähnlich zu sehen, hat sie sich zwanzig Jahre älter geschminkt. Ausgerüstet mit West-Kleidung und anderen West-Utensilien geht sie zur Grenze. Als sie jedoch sieht, wie selbstbewusst sich echte Westler verhalten, ist sie überzeugt, dass sie dies nicht kann, gibt ihren Plan auf und schminkt sich wieder jünger, was bei ihrer Familie verschiedenste Erklärungsansätze – ein Freund, ein neuer Friseur oder das letzte Aufbäumen eines krebsgeschwächten Körpers – hervorruft.

11. Kapitel: „Je t'aime" (S. 101–109)

Da die Existenzialistin wegen des Diebstahls das Land nicht verlassen darf, reist sie mit Mario an die Ostsee. Dort empfiehlt ihnen ein Asthmatiker aus Halle ein Medikament, das, in Cola gemixt, Rauschzustände auslöst.

Wieder zu Hause, probieren die beiden die Droge aus. Sie hat enorme Wirkungen. Nach dem kurzen Rausch beginnen die Nebenwirkungen: Sie bekommen starken Durst, während im Haus das Wasser abgestellt ist. Hinzu kommt, dass die beiden für zwei Stunden erblinden.

Während dieser Zeit kommt Micha vorbei, um noch einmal das Problem des Liebesbriefes mit Mario zu besprechen. Die Existenzialistin ist neugierig und so erzählt Micha ihr die Geschichte seiner unerfüllten Liebe. Sie rät ihm, eine Party zu veranstalten und Miriam bei dem Lied *Je t'aime* tief in die Augen zu blicken, der Rest ergebe sich von ganz alleine.

Die Fete, die zum Debakel für Micha und Mario werden soll, findet tatsächlich statt. Sämtliche Bekannten der drei erscheinen und bringen weitere Freunde mit. Mario, in dessen elterlicher Wohnung die Party steigt, fürchtet angesichts der vielen Leute um die Sammlung historischer Instrumente aus vier Jahrhunderten, die sein Vater angelegt hat. Kaum hat die Party begonnen, bedient sich auch schon der Hippie, ohne dass Mario es merkt, einer Mandoline aus dem 17. Jahrhundert.

Besetzung des Films *Sonnenallee*: die Clique – u. a. die Existenzialistin (1. v. li.), Mario (2. v. li.), Micha (3. v. li.), Wuschel (2. v. re.) – und Miriam (4. v. li.)

Mario diskutiert zu der Zeit mit seiner Freundin über die Möglichkeit, durch Landkauf eine eigenständige Gegenrepublik zur DDR zu gründen. Dazu benötigen sie viele Leute, die jeweils 2 000 Quadratmeter Land kaufen und sich dann zusammenschließen. Die beiden sind von der Idee begeistert.

Auf der Party geht derweil alles drunter und drüber. Micha wartet sehnsüchtig auf Miriam und betrinkt sich dabei vor lauter Nervosität. In dem ganzen Chaos merkt niemand, dass Miriam kommt und sich zu dem mit Brille knutschenden Schrapnell setzt.

Als Micha sie bemerkt, flüchtet er in die Küche. Dabei zerreißt er sich das Hemd und kleckert sich an einer verfänglichen Stelle die Hose voll. In dem Moment beginnt das Lied *Je t'aime*. Während das Lied aus dem Kassettenrekorder leiert, baut sich Micha volltrunken vor Miriam auf, die fasziniert auf den Fleck an seiner Hose starrt. Er versucht sie zu küssen, doch sie löst sich von ihm und flüchtet, woraufhin sich Micha auf einen Dudelsack aus dem 18. Jahrhundert bettet und einschläft. Marios Vater kehrt am Morgen zurück und findet das Chaos vor. Als Konsequenz der Fete werfen die Eltern Mario aus der Wohnung.

12. Kapitel: „Unterwandern: So, so oder so" (S. 110–120)

Mario und seine Freundin schmieden Pläne bezüglich des Landkaufs in der DDR. Sie überlegen, wie sie ihr Vorhaben, die DDR aufzukaufen und in diesem Gebiet einen autonomen Staat zu gründen, in die Tat umsetzen könnten.

Ein wichtiger Punkt in ihren Überlegungen ist die Frage, wie viele Personen man überhaupt benötigt, um das errechnete Gebiet von 100 000 Quadratkilometern zu erwerben. Dabei unterläuft den beiden ein Fehler, der bei der Umrechnung von Quadratmetern in -kilometer auftritt. Man kommt zu dem Schluss, 50 000 Menschen würden ausreichen, um die gesamte DDR aufzukaufen, wenn jeder 2 000 Quadratmeter nähme.

So glauben die beiden, dass es kein größeres Problem sein dürfte, dieses Land, das nicht sehr teuer ist, zu erwerben. Dem Vorschlag, alles vor einem Parteitag der SED zu erledigen, weil da der Rummel groß sei und niemand auf den Landkauf achte, widerspricht der Erzähler, denn nach seiner Auffassung hat die Partei immer einen großen Rummel veranstaltet, nicht nur vor den Parteitagen, sondern auch vor Wahlen.

Dies ist der Anlass für die Wiedergabe einer Episode zu den Wahlen in der DDR. Michas Bruder Bernd sorgt während seiner Wehrdienstzeit für einen Skandal bei einer Wahl. Ihm und einem Freund gelingt es, bei der Stimmabgabe in der Kaserne eine Stimme mehr abzugeben. So hat der Offizier vom Dienst, mit Spitznamen „Pik Müggelberg", ein Problem bei der Meldung des Wahlausgangs an die Wahlleitung: 578 Stimmberechtigte können nicht 579 Ja-Stimmen abgeben. Anstatt der erste Wahlleiter zu sein, der das Endergebnis weitermelden kann, ist Pik Müggelberg nun derjenige, der die Bekanntgabe des Ergebnisses verzögert. Erst ein Parteikader, der kurz vor Mitternacht nach dem Rechten sieht, bestimmt das Ergebnis mit 578 Ja-Stimmen. Dieses Durcheinander hat zur Folge, dass man wegen der späten Bekanntgabe des Wahlergebnisses von Wahlfälschung und Opposition munkelt und Pik Müggelberg zur Strafe einen Diskussionsbeitrag halten muss.

Die Veränderung in Bernds Sprachverhalten verschlimmert sich in einem solchen Maße, dass ihn niemand aus der Familie mehr verstehen kann.

Mario und die Existenzialistin streiten über die geeignete Vorgehensweise beim Landkauf: Gleichmäßiger Landkauf in einer Himmelsrichtung, Erwerb von Gebieten an mehreren Stellen gleichzeitig, um so einige Stücke der DDR zu umzingeln, oder einfach wild drauflos kaufen, bis das System der DDR zusammenbricht. Wichtig bei jeder Vorgehensweise sei jedoch, dass alles geheim bleibt und Mario und seine Freundin nicht wegen Hochverrats angeklagt werden.

Dies bringt den Erzähler dazu, ein Gespräch zwischen einem der Freunde Sabines und Micha wiederzugeben. Der Kulissenschieber ist der Ansicht, dass man Kritik an dem System nicht äußern dürfe. Je mehr Kritik man habe, desto mehr müsse man darauf bedacht sein, sie nicht zu zeigen. Wenn man sie aber verschweige, könne sich nichts ändern. Das sei der Grund, warum es in der DDR so lange keine Veränderungen gegeben habe.

13. Kapitel: „Wie Deutschland nicht gevierteilt wurde" (S. 121–133)

Auf einer Besichtigungsfahrt wegen des Landkaufs wird Mario verhaftet und vier Tage lang festgehalten. Auch die Existenzialistin wird in diesem Zeitraum in Berlin verhaftet und verhört, verrät aber nichts von ihren Plänen.

Nach seiner Freilassung erzählt Mario die Umstände seiner Verhaftung. Er ist im Zug eingeschlafen, weil er spät zu Bett gegangen und früh aufgestanden ist. Als er aufwacht, hat der Zug die Endstation im Grenzgebiet erreicht. Beim Studium des Fahrplans – er ist zu weit gefahren – wird Mario von Grenzpolizisten kontrolliert. Da er keine Rückfahrkarte hat und den Grund seiner Reise verständlicherweise nicht preisgibt, macht er sich der Republikflucht verdächtig. Als Mario die Geschichte seiner Relegation erzählt (vgl. Kapitel 7 „Non, je ne regrette rien"), halten ihn die Polizisten für harmlos. Allerdings nur, bis sie seinen Teilnehmerausweis für Niederländisch an der Volkshochschule entdecken. Aus diesem Grund wird er verhaftet.

Viele Bewohner der DDR nahmen an Sprachkursen für Länder teil, in die sie niemals reisen durften. Es war eine Art und Weise, sein Fernweh auszuleben. Es ging zudem stets darum, Kontakte aufzubauen, was allerdings nicht immer ungefährlich war, wie der Mann von der Gemüsefrau erfahren muss.

Während des Wartens auf sein Verhör erkennt Mario seinen Denkfehler bei der Landkauf-Berechnung. Statt fünfzigtausend benötigen sie fünfzig Millionen Käufer, und das wäre bei siebzehn Millionen Einwohnern in der DDR unmöglich. Beim Verhör bleibt Mario bei seiner Version der Vorgänge. Ihm wird geglaubt, als er während des Verhörs einschläft. Nach seiner Freilassung ist der Plan vom Landkauf gestorben.

Auch Micha wird eines Tages verhaftet. Das geschieht zu der Zeit, als Familie Kuppisch endlich ein Telefon bekommt. Der erste Anruf ist von Miriam. Da er aufgrund der Kommentare der Familie nicht frei reden kann, beendet Micha schnell das Gespräch und telefoniert aus einer Zelle weiter. Miriam lädt ihn zu sich ein, da ihr AWO-Fahrer für drei Jahre zum Militär gegangen ist und ihr Versprechen vom Diskussionsbeitrag ja nicht ernst gemeint gewesen ist, was Micha bezeugen kann. Er sagt zu. Beim Verlassen der Telefonzelle wird er vom ABV kontrolliert. Da Micha in der Hektik die Wohnung ohne Jacke und damit ohne Ausweis verlassen hat, wird er zur Feststellung seiner Personalien auf die Wache gebracht. Dort verbringt er die ganze Nacht, verpasst das Treffen mit Miriam und der ABV hat endlich seine Genugtuung wegen der entgangenen Beförderung.

Durch die Verhaftung kommt Micha zu spät zum ersten Schultag im Roten Kloster. Als Entschuldigung für seine Verspätung will er die Geschichte der Verhaftung erzählen, aber die Direktorin wirft ihn bereits nach den ersten Sätzen hinaus.

Frau Kuppisch ist verzweifelt, da ihre ganzen Bemühungen vergeblich gewesen sind. Herr Kuppisch schreibt endlich eine Eingabe. Nach zwei Wochen erhält er eine Antwort. Micha und seine Eltern gehen zur Direktorin des Roten Klosters, wo Herr Kuppisch ihr mitteilt, sein Sohn sei wieder aufzunehmen.

Micha möchte dies aber gar nicht, und deshalb gibt er sich Mühe, einen möglichst unordentlichen Eindruck zu machen: „Als er ins Direktorzimmer kam, kaute er Kaugummi, hatte zerstrubbelte Haare und gleich die oberen drei Knöpfe seines Hemdes verwegen geöffnet." (S. 132) Als das auch nicht wirkt, erwähnt er im Büro der Direktorin einen Spruch von Onkel Heinz über die DDR-Bürger: „Ras, dwa, tri – Russen wer'n wir nie!" (S. 133) Damit hat sich seine Schullaufbahn in dem Elite-Internat erledigt. Familie Kuppisch ergibt sich in ihr Schicksal und findet sogar Gefallen daran, schließlich hat die Eingabe Erfolg gehabt.

14. Kapitel: „Leben und Sterben in der Sonnenallee" (S. 134–157)

Miriam hat Micha nicht verziehen, dass er sie versetzt hat. Sie hat ja nicht wissen können, was ihm widerfahren ist. Stattdessen tröstet sie sich mit Westlern. Jede Woche steht eine andere Nobelkarosse vor ihrer Tür. Micha erfährt von ihrem Bruder, es sei immer ein und derselbe Mann, der in einem anderen Wagen bei Miriam vorfährt. Die Clique kommt zu der Überzeugung, es müsse ein sehr reicher Mann sein, so eine Art „Scheich von Berlin", der Miriam besucht. Wuschel profitiert von dem Scheich: Er hat einen Unfall mit ihm und erhält dafür 50 DM. Mit dem Geld kann er sich die gewünschte Rolling-Stones-LP endlich kaufen.

„Wie Wuschel mit den Platten umging, wie weihevoll er sie aus den Covern nahm und immer nur in der Mitte und am Rand anfaßte" (S. 58). Szene aus dem Film *Sonnenallee* mit Micha (Alexander Scheer, li.) und Wuschel (Robert Stadlober, re.).

Der Scheich ist aber nicht reich, sondern nur der Parkwächter eines Westberliner Nobelhotels, der sich heimlich die Autos seiner Kunden borgt. Er bekommt Schwierigkeiten, als er einen Lamborghini ausleiht, in dessen Kofferraum Maschinenpistolen liegen, die an der Grenze gefunden werden. Wagen und Waffen werden beschlagnahmt und der Mann verhört. Als er freigelassen wird, erwarten ihn die Besitzer: Mafiosi. Voller Angst bittet er sofort um Asyl in der DDR, was ihm auch gewährt wird, nachdem er auf Knien darum gebeten hat. Miriam hält sich in Zukunft aus Sicherheitsgründen fern von ihm.

Michas Gedanken kreisen wieder einmal um den Liebesbrief. Wuschel, der zufällig vorbeikommt, hat die Idee, den Brief mit einem Staubsauger zu bergen. Gegen dessen Willen verpflichtet Micha Wuschel dazu, ihm zu helfen.

In der folgenden Vollmond-Nacht sind alle ein wenig aufgekratzt. Mario und die Existenzialistin gehen an der Sonnenallee spazieren, wobei sie ihm mitteilt, dass sie schwanger sei.

Es kommt zu einem Stromausfall an den Grenzanlagen und in der Sonnenallee, als der Grenzbeamte die japanische Stereo-Anlage anstellt. Er vermutet einen kapitalistischen Sabotage-Akt und gibt Großalarm. Um die Grenze zu erhellen, werden Leuchtraketen in den Himmel geschossen, was Herrn und Frau Kuppisch veranlasst, auf das Dach zu steigen und sich dieses Schauspiel zu betrachten.

Natürlich versagt auch Michas Staubsauger. Bei dem Versuch, den Saugrüssel aus dem Todesstreifen zu ziehen, werden er und sein Freund entdeckt und für Terroristen gehalten. Wuschel wird von einem Grenzer beschossen und fällt, in der Herzgegend getroffen, zu Boden. Mario und seine Freundin eilen herbei. Als sie sich zu Wuschel herunterbeugen, rappelt dieser sich wieder auf: Die Kugel hat das *Exile on Main Street*-Album getroffen und es zerstört, was Wuschel das Leben gerettet hat. Die kaputte Platte treibt ihm Tränen in die Augen.

Der Liebesbrief ist nicht mehr zu bergen, denn eine Leuchtkugel hat ihn in Brand gesetzt. Miriam, die ebenfalls dazugekommen ist, sieht es, und als Micha sie anschaut, begreift sie, dass das Ganze auch etwas mit ihr zu tun hat.

Wenig später begegnen sich Miriam und Micha und sprechen sich aus. Sie erzählt ihm, dass die Knutscherei mit Männern aus dem Westen ihre Art ist, sich gegen die Macht der Obrigkeit zu widersetzen. Micha lädt sie ins Kino ein. Sie sehen sich *In achtzig Tagen um die Welt* an, und sie schmiegt sich an ihn. Er ist aber zu schüchtern, um ihre Zärtlichkeiten zu erwidern.

Beim Verlassen des Kinos sehen sie eine Menge Panzer, die für die Oktober-Parade üben. Der Kontrast zwischen Film und Realität versetzt Miriam einen Schock, und sie verfällt in völlige Apathie. Im Bett liegend regt sie sich nicht mehr, starrt nur stumpf an die Zimmerdecke. Als Micha davon erfährt und sie besucht, beschließt er, sie zu retten. Er erzählt ihr von seinen Tagebüchern und verspricht, ihr am nächsten Tag etwas daraus vorzulesen.

In der Nacht muss Micha erst die Tagebücher schreiben, denn in Wirklichkeit hat er niemals eins geführt. Er schreibt sieben Patronen leer, bis er über dem letzten Tagebuch einschläft.

Das Vorlesen des ersten Tagebuchs zeigt sofort Wirkung bei Miriam, und sie kehrt zurück in die Realität. Micha ist begeistert. Zum Dank löst Miriam ihr Versprechen ein und küsst ihn. Ihr Bruder, der alles beobachtet hat, berichtet der Clique davon – natürlich gegen ein Matchbox-Auto.

Onkel Heinz stirbt an Lungenkrebs. Bei diesem Anlass erfahren die Kuppischs auch, dass ihr vermeintlicher Stasi-Nachbar in Wirklichkeit Leichenbestatter ist. Frau Kuppisch darf zur Beerdigung in den Westen reisen. Bei der Rückkehr schmuggelt sie die Asche ihres Bruders in den Osten. Die Urne wird in der Nacht im kleinsten Kreis unter einem Friedhofsbaum bestattet, auch der Grenzer und der ABV sind anwesend.

Auf dem Heimweg denkt Micha über seine Situation in der DDR nach. Später wird er darüber schreiben, die Bewohner der DDR hätten gar nicht gewusst, wie komisch sie gewesen seien. Der Erzähler bemerkt, es wäre bestimmt so weitergegangen, wenn nicht etwas dazwischen gekommen wäre.

Um ein Einkommen zu haben, plant Mario, schwarz Taxi zu fahren. Dazu hat er sich einen alten Trabant gekauft. Seine Freundin ist im achten Monat schwanger. Ihre Wehen setzen ein, als er gerade dabei ist, das Auto zu reparieren. Erstaunlicherweise springt der Wagen sogar an, als er sie ins Krankenhaus fahren will. Auf der Fahrt werden sie angehalten, weil der Konvoi eines sowjetischen Staatsbesuchs ihren Weg kreuzt. Mario lässt sich jedoch nicht bremsen. Der Konvoi fährt an ihnen vorbei, doch er schließt auf und kann einige Fahrzeuge überholen, bevor er von zwei Wagen gestoppt wird. Mario würgt den Trabant dabei endgültig ab. Aufgrund seiner flehenden Gesten öffnet sich die Tür einer der Wagen, und ein Russe mit einem großen Muttermal auf der Stirn steigt aus, stoppt mit einer Handbewegung den prasselnden Regen, hilft der Existenzialistin bei der Geburt und berührt die Motorhaube des Trabants, der daraufhin sofort wieder anspringt.

Ohne seinen Namen zu nennen, steigt der Russe wieder ein und der Konvoi fährt weiter. Mario und die Existenzialistin Elisabeth, deren Namen der Leser erst jetzt erfährt, bleiben verwundert zurück, überzeugt, niemand werde ihnen diese Vorkommnisse glauben.

Der Erzähler weist zum Schluss darauf hin, wie wichtig es sei, sich an Geschehnisse zu erinnern. Erinnerungen bewirkten, dass man Frieden mit der Vergangenheit schließen könne.

Kapitelübersicht

Nr.	Kapitelüberschrift	Handlung
1	Churchills kalter Stumpen	Der Ursprung des Romantitels wird erläutert.
2	Die Verdonnerten	Micha und seine Freundin werden vorgestellt. Er wird gemeinsam mit Miriam zu einem Diskussionsbeitrag „verdonnert".
3	Woalledurcheinanderreden	Die Familie Kuppisch wird vorgestellt.
4	Die drei von der Tanzschule	Micha und Miriam sind gemeinsam beim Tanzunterricht.
5	Fünfzig West zuwenig	Wuschel versucht, ein Rolling-Stones-Album zu erwerben.
6	Ton oder Knete, das ist hier die Frage	Onkel Heinz bringt einen Anzug für den Abschlussball mit und Micha findet einen Liebesbrief im Briefkasten.
7	Non, je ne regrette rien	Mario lernt die Existenzialistin kennen und wird von der Schule verwiesen.
8	Avanti Popolo	Die Ereignisse während des Jugendfestivals und die Geschehnisse rund um den Gemüseladen werden berichtet.
9	Das Herz ein Stück größer	Micha erkennt, dass er sich ändern muss, wenn er Miriam erobern will.
10	Der hinterletzte Russenstiefelputzer in der asiatischen Steppe	Ein „Aktueller" Sabines erzählt von seinen Reisen. Frau Kuppischs geplanter Grenzübertritt misslingt.
11	Je t'aime	Die Party bei Marios Eltern findet statt.
12	Unterwandern: So, so oder so	Mario und seine Freundin planen den Landkauf. Michas Bruder Bernd betrügt bei der Volkskammerwahl.
13	Wie Deutschland nicht geviertelt wurde	Der Landkauf scheitert; Micha wird vom ABV verhaftet und vom Roten Kloster verwiesen.
14	Leben und Sterben in der Sonnenallee	Micha rettet Miriam aus ihrer Apathie; Onkel Heinz stirbt und die Existenzialistin gebärt unter wundersamen Umständen ihr Kind.

Textanalyse und Interpretation

1 Personencharakteristik

Michael Kuppisch, genannt Micha

Micha ist eindeutig die **Hauptfigur** des Buchs. Er steht im Mittelpunkt des Romans und ist das Zentrum, um das sich das übrige Personeninventar schart: Miriam, die Clique, die Familie, die Vertreter der Staatsmacht.

Er ist ein ca. sechzehn Jahre alter Teenager aus geregelten Familienverhältnissen. Er lebt mit einer Schwester, einem Bruder und seinen Eltern zusammen in der Sonnenallee, und zwar am kürzeren Ende in Ost-Berlin. Der Vater ist Straßenbahnfahrer im Schichtdienst, die Mutter Hausfrau. „Es war ein anstrengendes Zuhause, fand Micha." (S. 33) Ihn stört vor allem die Enge im Plattenbau. Im Großen und Ganzen hat er ein gutes Verhältnis zu seinen Eltern, auch wenn die ganze Familie ein wenig sonderbar ist. Zu Michas Äußerem werden keine Angaben gemacht.

Micha geht zur Schule und trifft sich in der Freizeit mit seinen Freunden auf einem Spielplatz in der Straße. Dort redet man miteinander und hört Musik. Sein bester Freund ist Mario. Für ihn nimmt er sogar die Strafe eines Diskussionsbeitrags auf sich, als dieser in der Schule ein aufgehängtes Spruchband manipuliert (vgl. S. 21 f.). Micha besitzt ein Menge Humor. So unternimmt er Streiche mit Mario, indem sie Bustouristen aus dem Westen Hungernde vorspielen (vgl. S. 42).

Außerdem ist Micha **neugierig und intelligent**. Er „suchte immer nach Erklärungen, denn viel zu oft sah er sich mit Dingen konfrontiert, die ihm nicht normal vorkamen" (S. 8). So reimt er sich z. B. eine Geschichte zusammen, wie wohl bei der deutsch-

deutschen Teilung das kürzere Ende der Sonnenallee entstanden sein könnte. Seine Intelligenz beweist er auch, als er einen Weg findet, sich zum besten Tänzer zu entwickeln und Miriam, seine Angebetete, immer zum letzten Tanz aufzufordern. Zudem ist er clever genug, um sich zu retten, als die Direktorin durch ein Foto in einer West-Illustrierten von Marios und Michas Hungertheater erfährt (vgl. S. 78 f.). Er kennt die Absurditäten des Lebens in der DDR und hat schon früh gelernt, damit umzugehen.

Wenn er sich etwas in den Kopf gesetzt hat, zeigt sich Micha **hartnäckig und durchsetzungsstark**. So befasst er sich ausgiebig mit Physik, um einen Weg zu finden, den Liebesbrief aus dem Todesstreifen zu bergen (vgl. S. 138). Ebenso ausdauernd betreibt er das Schreiben der Tagebücher, die ihm helfen sollen, Miriam aus ihrer Apathie zu befreien. Er setzt sich eine ganze Nacht lang hin und verfasst seine Bücher (vgl. S. 147 f.).

Man muss feststellen, dass sich Micha in seinem Bemühen um Miriam als sehr beharrlich erweist. Er ist in sie verliebt wie alle anderen, aber er allein versucht intensiv, sie für sich zu gewinnen. Dabei steht ihm seine **Schüchternheit** im Weg: „Über Wochen und Monate brachte er es nie fertig, Miriam anzusprechen", und „wenn sie plötzlich vor ihm stand, dann verkrümelte er sich wieder" (S. 20). Selbst als Miriam deutliche Signale aussendet, kann er sich nicht überwinden, darauf zu reagieren: „Micha war wieder so schüchtern, daß er es nicht wagte, den Arm um Miriam zu legen, [...] obwohl sich Miriam an seine Schulter kuschelte." (S. 145)

Diese Schüchternheit legt Micha nicht immer an den Tag. Er kann ebenso **tapfer und mutig** sein und dieses Manko überwinden. So spricht er sie z. B. bei der Schuldisco an und fordert sie zum Tanz auf. Das Lied ist allerdings so unmöglich, dass Miriam gar nicht reagiert (vgl. S. 24). Michas z. T. schüchternes Verhalten ergibt sich häufig aus seiner Aufregung. Jedes Mal, wenn ihm Miriam näher kommt, macht ihn das **nervös und verlegen**. Er bekommt kaum ein Wort heraus (vgl. S. 28 u. a.). Schließlich sind seine Bemühungen aber doch noch von Erfolg gekrönt und seine Geliebte erhört ihn, nachdem er sie aus ihrer Apathie befreit hat. Das macht ihn „überglücklich" (S. 148).

Micha benimmt sich wie ein **ganz normaler Teenager** in seinem Alter. Er ist zum ersten Mal richtig verliebt, was natürlich nicht ohne Probleme und Rückschläge abläuft. Er ist neugierig und an allem interessiert, was Liebe und Sex angeht: „Micha wollte alles ganz genau wissen. Wie man es macht, mit allem Drum und Dran." (S. 77)

Normal ist auch, dass er in diesem Alter noch nicht weiß, was er mit seiner Zukunft einmal anfangen soll. Er ist ein wenig orientierungslos, was seinen beruflichen Werdegang angeht: „Micha wußte tatsächlich nicht, was er werden sollte." (S. 41) Er weiß allerdings genau, dass er nicht das will, was seine Mutter für ihn ausgesucht hat: Den Schulbesuch im Roten Kloster mit anschließendem Studium in Moskau. In diesem Fall beweist Micha wieder einmal seine Fähigkeit, sich durchzusetzen, und er versteht es, die Zukunftspläne seiner Mutter ideenreich zu vereiteln (vgl. S. 132 f.).

Unverkennbar löst Micha sich langsam aber sicher aus der Jugendzeit ab und **wird erwachsen**. Er erkennt dies erstmals, als er beim Abschlussball Miriam in den Armen hält: „Es war das erstemal, daß in ihm eine Ahnung aufstieg, was es *auch* heißt, ein Mann zu sein, und Micha traute sich zu, als *Mann* für eine Frau dazusein." (S. 70)

Er durchschaut im Laufe der Zeit, dass sein kindisches Imponiergehabe bei Miriam keinen Eindruck hinterlässt:

Micha merkte, daß er, um bei Miriam eine Rolle zu spielen, reifer werden mußte [...], daß er für den Kuß, den Miriam ihm versprochen hatte, erwachsen *werden mußte.* (S. 93)

Da er den Kuss am Ende des Romans erhält, kann man davon ausgehen, dass Micha diese Entwicklung vollzogen hat.

Textanalyse und Interpretation

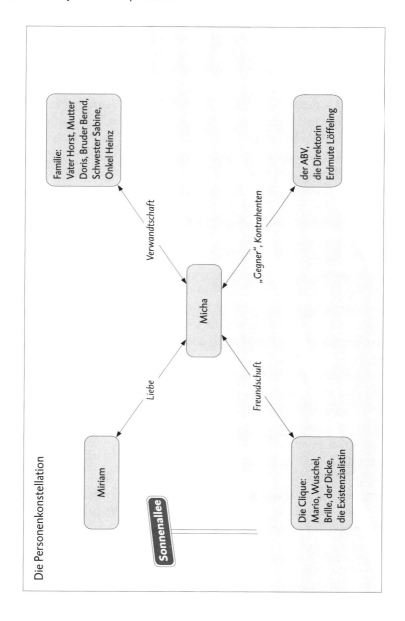

Miriam

Miriam ist die **weibliche Hauptperson** des Romans. Der Erzähler bezeichnet sie als „*das* Ereignis der Sonnenallee" (S. 17, Hervorhebung im Original). Sie ist das schönste Mädchen in der Straße und für Micha sogar die „*Welt*schönste" (S. 17, Hervorhebung im Original). Diese Schönheit ist es, die den männlichen Teil der Bevölkerung in der Sonnenallee anzieht. Alle sind in sie verliebt, Micha aber ganz besonders.

Die Jungen wissen wenig über Miriam, weil sie noch nicht so lange in der Straße wohnt. Dieses mangelnde Wissen verleiht ihr eine Aura des Geheimnisvollen, Unnahbaren, was sie für Micha und seine Freunde noch attraktiver macht. Zu diesen Geheimnissen zählen die **wechselnden Männerbekanntschaften**, vor allem mit Westdeutschen. Das erzeugt Neid. Sie trifft sich zunächst mit dem AWO-Fahrer, der aus dem Osten stammt. Während der Beziehung tanzt sie allerdings bei der Schuldisco mit einem Gymnasiasten aus dem Westen (vgl. S. 25). Miriam scheint ein Mädchen zu sein, das es mit der Treue nicht ganz so genau nimmt. Dies beweist sie beim Diskussionsbeitrag: Sie kreuzt die Finger hinter ihrem Rücken, als sie über die Treue spricht, die sie einem den Wehrdienst ableistenden Jungen halten würde (vgl. S. 29).

Von übertriebener Prüderie hält sie nicht viel. Sie schämt sich nicht, sich vor Micha umzuziehen, obwohl sie keinen BH trägt (vgl. S. 28). Sie trägt zudem keine Unterwäsche in der warmen Jahreszeit: „Miriam hatte noch mal ihr Sommerkleid an und nichts drunter." (S. 144)

Dies alles scheint auf ein naives, schönes Dummchen zu deuten, das verrückt nach Männern ist. Das ist keineswegs der Fall. Sie kennt ihre Wirkung auf Männer und setzt sie geschickt ein: „Miriam genoß es, Micha in die Augen zu sehen und ihn dazu zu bringen, daß er außer ihr nichts mehr wahrnahm." (S. 70) Sie ist **klug** und scheint mehr Lebenserfahrung als Micha zu besitzen:

„Wer so was sagt, der versteht was vom Warten, Sehnen und Hoffen – also dem, womit wir die meiste Zeit verbringen." (S. 93)

Sie ist klug genug, sich von dem „Scheich von Berlin" fernzuhalten, nachdem dieser ins Fadenkreuz der Mafia geraten ist (vgl. S. 137). Im Gegensatz zu Micha ist sie **nicht schüchtern**, denn sie ist es, die den ersten Schritt unternimmt und Micha am Telefon zu sich einlädt (vgl. S. 127 f.).

Ihr Verschleiß an Männern hat einen guten Grund und beruht auf einer etwas eigenwilligen Art von **Widerstand gegen das System**. Sie öffnet sich Micha, der dadurch erfährt, warum sie sich so gerne mit Männern aus dem Westen trifft. Es ist nicht der Umstand, dass diese so gut küssen können, sondern „wenn sie sich mit Westlern knutscht, dann gibt ihr das so ein Gefühl, daß die nicht alle Macht über sie haben [...]" (S. 145). Mit „die" meint Miriam staatstragende Personen, wie z. B. die Direktorin ihrer Schule. Auf die Art hat sie eine für sich akzeptable und praktikable Form von Widerstand entwickelt. Als Micha dann in dieser Situation, wenn auch ungewollt, das Richtige sagt und ihr Fernweh und ihre Sehnsucht nach Freiheit korrekt deutet, hat er sie für sich gewonnen.

Ihre **Sensibilität** wird nach dem Kinobesuch deutlich, als das durch den Film gestillte Fernweh mit dem Training der Truppenparade konfrontiert wird: Sie kann den Gegensatz nicht ertragen und fällt in Apathie, aus der sie erst Micha mit seinen kurzfristig verfassten Tagebüchern retten kann.

Miriam ist also ein Mädchen, das sich nicht ausschließlich über ihr herausragendes Äußeres definiert, sondern durchaus in der Lage und willens ist, ihre Situation in der DDR zu reflektieren und in einer ihr angemessen erscheinenden Weise darauf zu reagieren. Trotz aller Lebensfreude, die Miriam ausstrahlt, fühlt sie sich nicht wohl in einem gesellschaftlichen System, in dem sie regelrecht gefangen ist.

Michas Freundeskreis/Clique

Eng mit Micha verbunden sind seine Freunde aus der Sonnenallee, mit denen er sich regelmäßig „am Platz" (S. 11) trifft. Sie stammen alle aus vergleichbaren Verhältnissen, tragen ähnliche Kleidung und mögen dieselbe Musik.

Mario ist **Michas bester Freund**. Ähnlich wie dieser hat auch Mario häufig Unsinn im Kopf. Dafür spricht z. B., dass er an der Schule „auf so einer Art Abschußliste" (S. 21) steht, sich also kein Vergehen mehr erlauben darf. Ebenso unsinnig wie das Verändern der aufgehängten Parole in der Schule sind das Hungertheater mit Micha, die Landkaufaktion mit seiner Freundin und schließlich sein Verhalten im Gespräch mit der Direktorin, das zum Ausschluss von der Schule, zur Relegation, führt. Mario ist nicht mehr bereit, seine durch die Beziehung zur Existenzialistin neu gewonnenen Ideale von Menschenrechten und Freiheit der Anpassung an das System zu opfern. Er wird zu einem Revolutionär im Kleinformat, der für seine Überzeugung auch persönliche Nachteile in Kauf nimmt. Offensichtlich ist seine Begeisterungsfähigkeit. Für die Idee des Landkaufs ist er Feuer und Flamme und setzt sich intensiv dafür ein. Das führt zu seiner Verhaftung (vgl. S. 122 f.). Die Episode ist allerdings ebenso Beleg dafür, dass Mario weltfremd ist. Allein der Gedanke, das Land der DDR aufzukaufen, um so einen Umsturz zu bewirken, ist völliger Blödsinn. Trotz dieser Ausfälle ist Mario intelligent: „Etwas zu begehren ist viel interessanter, als etwas zu haben" (S. 57), lautet eine der von ihm verbreiteten Weisheiten. Mario scheint im Vergleich zu Micha eher der aufsässige Typ zu sein. Er trägt lange Haare und führt nach seiner Relegation ein unkonventionelles Leben mit seiner Freundin. Dazu passt, dass er nach der Party für Micha und Miriam von seinem Vater aus der Wohnung geworfen wird. Er ist nicht so schüchtern wie Micha, denn als er seine Traumfrau sieht, hat er keine Hemmungen, ihr zu folgen und sie anzusprechen. Das ist von Erfolg gekrönt.

Zu guter Letzt wird er im Alter von siebzehn Jahren bereits Vater. In der DDR war es üblich, dass Paare in jungem Alter Kinder bekamen. So verbesserten sie ihre Chancen, eine Wohnung zugeteilt zu bekommen. Die Gründung einer Familie bot die Gelegenheit, aus dem Elternhaus auszuziehen und auf eigenen Füßen zu stehen. Die Familienplanung war in der Regel bereits im Alter von 25 Jahren abgeschlossen. So betrachtet, steht Mario stellvertretend für viele andere Jugendliche in der DDR, die ähnlich gelebt haben dürften: in Konflikt mit der Obrigkeit und den Eltern, aber im Privaten glücklich und zufrieden.

Wuschel ist der größte **Musikliebhaber** in der Clique. Seinen Namen trägt er, weil er aussieht wie Jimi Hendrix (vgl. S. 12). Wegen seines Äußeren gilt er Außenstehenden als der Aufsässigste. Dies ist jedoch nicht der Fall. Im Gegensatz zu Mario und Micha kommt Wuschel nicht mit dem Staat in Konflikt.

Er interessiert sich eigentlich nur für Musik, vor allem für die Rolling Stones. Man kann ihn als echten Fan bezeichnen, wenn man bedenkt, was er alles durchmacht, um das gewünschte Stones-Doppelalbum *Exile on Main Street* zu bekommen. Er erweist sich als sehr hartnäckig und zielstrebig (vgl. S. 51 ff.). Die Strapazen, die er dafür auf sich nimmt, sind nicht zu verachten: So legt Wuschel für die LP ca. 80 Kilometer mit dem Klapprad zurück, als er nach Strausberg fährt. Er entwickelt zu der Schallplatte eine starke emotionale Bindung. Das sieht man an seiner Reaktion, als Bergmanns Freundin das Album zerstört: „Auch Wuschel kamen die Tränen, als er hörte, welches Ende die einzige *Exile on Main Street* weit und breit genommen hatte." (S. 55) Die gleiche Reaktion zeigt er, als sein Album zerschossen wird. Anstatt sich über seine wundersame Rettung zu freuen, bedauert er den Verlust der LP (vgl. S. 143). Seine unbändige Begeisterung für Musik aus dem Westen lässt sich dabei insofern als untergründige Form des Widerstandes verstehen, als er sich nicht davon beeindrucken lässt, dass diese Musik verboten ist. Vielmehr steigert dies für ihn noch ihre Attraktivität.

Brille ist der **Intellektuelle** in der Clique. Er drückt sich sehr gewählt aus, liest viel (vgl. S. 12) und ist entsprechend in der Literatur bewandert (vgl. S. 14). Eine seiner Begabungen liegt auf dem sprachlichen Sektor, denn er kennt sich mit komplizierten Pluralbildungen aus (vgl. S. 13). Brille, „der es wieder ganz genau wissen wollte" (S. 14), ist voller Neugierde, die er durch gezieltes Nachfragen befriedigen will. Zu seinem Wortschatz gehören anspruchsvolle Fremdwörter: „[...] Miriam verhalte sich wie jedes normal deformierte Scheidungskind – diskret, ziellos, pessimistisch." (S. 18) Brille ist ein Einzelkind, sein Vater Ingenieur (vgl. S. 34). Ansonsten erfährt man nicht sehr viel über ihn. Er scheint ein etwas ruhigerer Vertreter der Clique zu sein, denn im Gegensatz zu den anderen versucht er nicht, zu einem Diskussionsbeitrag verdonnert zu werden, um Miriam nahe zu sein. Er hält sich auf Marios Party lieber an das Schrapnell (vgl. S. 107) – mit der wollte Mario während der Schuldisco nicht einmal tanzen.

Der Dicke tritt selten auf. Ihm ist genau wie Brille keine eigene Episode gewidmet. Er erscheint zu Beginn des Romans beim Gespräch mit dem ABV, er versucht zu einem Diskussionsbeitrag zu gelangen und er ist Gast auf der Party.

Zusammenfassend lässt sich feststellen, dass Michas Freunde zwar keinen repräsentativen Querschnitt durch die Gruppe der Jugendlichen in der DDR darstellen, aber doch relativ typisch sind. Sie verhalten sich so wie vermutlich tausende andere Jugendliche in Ostdeutschland.

Michas Familie

Mutter Doris ist es, die „den ganzen Laden" (S. 32), also die Familie, zusammenhält. Sie ist Hausfrau und Mutter. Sie ist etwas „ängstlich" (S. 32) und sehr auf das bedacht, was andere von ihr halten (vgl. S. 66). Ihr Hauptbestreben ist es, vor den Nachbarn einen tadellosen Eindruck zu hinterlassen, damit ihr Sohn Micha, den sie immer Mischa – die russische Variante des Namens – nennt, eines Tages in Moskau studieren darf. So versucht sie z. B., ihren Mann dazu zu überreden, endlich das *Neue Deutschland* zu lesen und nicht mehr die *Berliner Zeitung* (vgl. S. 53). Als dieser das entrüstet ablehnt, abonniert sie es selbst. Allerdings nicht, um es zu lesen, sondern nur, um den Nachbarn zu zeigen, dass Familie Kuppisch – wie jeder gute Bürger der DDR – das Zentralorgan der Partei liest. Zu dem Zweck polstert sie den Briefkasten aus, damit die Zeitung herausschaut und so jeder das *ND* sehen kann.

Sie hat Geheimnisse vor ihrer Familie, denn sie teilt ihr nicht mit, dass sie den Pass der West-Bürgerin Helene Rumpel gefunden hat. Sie erklärt nicht, warum sie sich älter schminkt, und lässt ihre Familie darüber im Unklaren, was sie mit dem Pass vorhat. Allerdings überwiegt dann doch wieder ihre Ängstlichkeit, als sie versucht, die Grenze mit diesem Pass zu überschreiten (vgl. S. 99). Es setzt sich bei ihr die Erkenntnis durch, sie könne sich niemals wie jemand aus dem Westen verhalten, und so verzichtet sie auf den Grenzübertritt. Ohne Erklärung nimmt sie ihre äußerliche Veränderung wieder zurück. Nur einmal überwindet sie ihre Angst. Nach dem Tod ihres Bruders Heinz, zu dessen Beerdigung sie in den Westen reisen darf, schmuggelt sie seine Asche in einer Kaffeedose über die Grenze (vgl. S. 151).

Michas Mutter kommt es vor allem darauf an, nicht negativ aufzufallen. Sie setzt alles daran, ihrem Sohn das Studium in Moskau zu ermöglichen. Das Absurde dieses Verhaltens wird ihr gar nicht bewusst. Sie arrangiert sich mit den Verhältnissen in der DDR, ohne sie einmal kritisch zu hinterfragen.

Michas **Vater Horst** ist Straßenbahnfahrer im Schichtdienst. Er steht dem Regime in der DDR eher kritisch gegenüber. So bevorzugt er die *Berliner Zeitung*. Im Gegensatz zum *Neuen Deutschland* war sie kein Zentralorgan der SED und eher mit den

Zeitungen im Westen vergleichbar. Zudem deuten seine Äußerungen auf eine gewisse Distanz zu den Herrschenden hin: „Herr Kuppisch ging an die Decke" (S. 34), als Sabine einen Antrag zur Aufnahme in die Partei ausfüllt. Seine Kritik ist allerdings eher verbaler und weniger aktiver Natur. So deutet er zwar mehrfach an, eine Eingabe, eine Art Beschwerde, zu schreiben (vgl. S. 35, 39, 112, 131), tut dies jedoch nur in dem Fall, als Micha nicht ins Rote Kloster aufgenommen wird. Der Erfolg dieser Aktion – Micha muss wieder aufgenommen werden – erfüllt ihn dann auch mit Stolz: „Denen haben wir's heute gezeigt!" (S. 133)

Herr Kuppisch kann als stellvertretend für die Personen in der DDR gesehen werden, die zwar nicht mit dem herrschenden System einverstanden waren, deren Kritik sich aber im privaten Rahmen hielt und nur sehr selten nach außen drang.

Der ältere **Bruder Bernd** tritt an wenigen Stellen im Roman auf. Er ist ähnlich humorvoll wie Micha. So treibt er seine Scherze mit der Musterungskommission (vgl. S. 32 f.) und bei den Volkskammerwahlen (vgl. S. 112 ff.). Die Episoden deuten auf ein eher kritisch-distanziertes Verhältnis zum System hin. Dies wandelt sich jedoch im Laufe der Ableistung seines Wehrdienstes, wie an der Veränderung seines Sprachverhaltens zu erkennen ist. Zunächst ist es noch verständlich, was er sagt (vgl. S. 32). Gegen Ende seiner Zeit bei der Armee sind seine Ausführungen dagegen inhaltlich nicht mehr nachvollziehbar (vgl. S. 116 f.).

Die **Schwester Sabine** erscheint nicht sehr häufig im Roman. Sie wechselt ständig ihre festen Freunde (vgl. S. 34), was ihre einzige Besonderheit zu sein scheint. Zudem begeistert sie sich immer sehr für die Bereiche, die ihre jeweiligen Freunde interessieren. Ihre Hauptfunktion im Roman beschränkt sich darauf, ihre Freunde auftreten zu lassen, um so interessante Aspekte des DDR-Lebens außerhalb der Sonnenallee zu beleuchten, z. B. das Reisen durch ihren Freund Lutz und die Kritik an der DDR durch den Kulissenschieber (vgl. *Interpretationshilfe,* S. 68–71).

Eine interessantere Figur ist **Onkel Heinz**. Bei der heimlichen Beisetzung seiner Urne sagt Herr Kuppisch treffend: „[...] du warst nicht nur unser Schwager, Bruder und Onkel – du warst unsere Westverwandtschaft!" (S. 152) Verwandte im Westen waren eine wichtige Bezugsquelle für Dinge, die es in der DDR nicht oder nur schwer zu kaufen gab. Bürger der DDR mit Verwandtschaft im Westen waren privilegiert, vor allem wegen der Möglichkeit, an Devisen sowie West- und Mangelwaren zu kommen. Onkel Heinz bemüht sich sehr um die Familie Kuppisch, sodass ihm im Wohnzimmer sogar ein Ehrensessel zugeteilt wird. Heinz ist der Bruder von Michas Mutter und lebt am langen Ende der Sonnenallee. Seine Schmuggeleien, die er regelmäßig durchführt, sind allerdings dergestalt, dass er nur Dinge versteckt, deren Einfuhr ohnehin legal ist. Er ist also gar kein Schmuggler im eigentlichen Sinn des Wortes. Trotzdem steht Onkel Heinz immer Todesängste aus, wenn er die Grenze überschreitet und sieht sich schon in sibirischer Gefangenschaft. Onkel Heinz scheint auch sonst ein ängstlicher Typ zu sein, fürchtet er sich doch vor etwas Asbest, das in der Wohnung der Kuppischs hinter dem Heizkörper hervorquillt. Seine Sorge gilt dabei vor allem der Familie. Die Ironie des Schicksals will es aber, dass nicht einer der Kuppischs, sondern er an Lungenkrebs stirbt. Er nimmt für seine Verwandtschaft neben den Reisen in den Osten weitere Entbehrungen – freilich unnötige – auf sich. So reduziert er erheblich sein Gewicht, um für Micha einen Anzug zu ‚schmuggeln' (vgl. S. 68 f.). Dass er sich nicht in seiner Überzeugung beirren lässt, spricht für seine Dickköpfigkeit, ein Wesenszug, der die gesamte Familie kennzeichnet. Onkel Heinz ist zudem ein Verächter der DDR. Er hält nichts von den Sozialisten und Kommunisten und macht daraus auch keinen Hehl: „Nach Rußland geht man doch nur mit 'ner MPi unterm Arm oder 'ner Kugel am Bein" (S. 40), hält er fest, als er von den Plänen Frau Kuppischs hört, Micha in Moskau studieren zu lassen.

Das gesamte **Personeninventar** des Romans besteht aus überzeichneten Typen, bei denen einzelne Verhaltensweisen übertrieben hervorgehoben werden. Die Charaktere sind oberflächlich-witzig beschrieben, ohne dass eine wesentliche innere Entwicklung im Laufe des Romans nachgezeichnet wird. Die Helden des Romans sind weniger die Protagonisten als eher die Sonnenallee selbst. In dieser Straße leben die verschiedenen Figuren. Der Roman richtet episodenhaft das Augenmerk auf sie und ihre Handlungen. Dies ist mit der *Lindenstraße* oder *Marienhof* vergleichbar. In diesen Serien steht auch die Straße im Vordergrund, in der sich das Leben der unterschiedlichen Figuren abspielt.

2   Literarische Form und Struktur

Der Roman ist die **epische Großform** und grenzt sich von der Novelle vor allem durch seinen größeren Umfang und seine strukturelle Vielfalt ab. In der Neuzeit verdrängte der Roman das klassische Epos und ist mittlerweile zum Synonym für Literatur geworden. Romane sind häufig Spiegel der Welt und der sich in ihr bewegenden Individuen.

Im Gegensatz zur Novelle ist der Gattungsbegriff Roman schwer zu bestimmen, da er eine sehr freie Form der Epik darstellt. Romane zeigen meist die Entwicklung einer Einzelpersönlichkeit, ihres Charakters, ein individuelles Schicksal oder die Entwicklung einer Gruppe von Menschen und deren Verhalten.

Zur besseren Unterscheidung werden Romane häufig in Kategorien eingeteilt, die das Verständnis des Werkes erleichtern sollen. Die Romantypologien bieten jedoch nur grobe Anhaltspunkte zur Einteilung und ersetzen auf keinen Fall eine Einzelinterpretation des jeweiligen Werkes. Eine recht weit verbreitete Einteilung ist die in **Geschehnis-, Figuren- und Raumromane.** Beim Geschehnisroman stehen Ereignisse und deren entsprechende sprachliche Umsetzung im Mittelpunkt. Im Figurenroman steht eine einzelne Figur, ihre Entwicklung, ihre Erlebnisse und ihre Geschichte im Zentrum der Handlung. Die Figur und ihr Innenleben sowie ihr Zusammenspiel mit der Umwelt werden zum Kern des Romans. Im Raumroman werden durch ein Panorama verschiedenster Figuren oder Figurentypen gesellschaftliche Zusammenhänge dargestellt.

Das Werk *Am kürzeren Ende der Sonnenallee* könnte man als **Raumroman** einstufen. Die gesellschaftlichen Realitäten der DDR Ende der 70er-, Anfang der 80er-Jahre werden anhand der Erlebnisse von Micha und seinen Freunden, Verwandten und den weiteren Bewohnern der Sonnenallee dargestellt.

Es kommen aber auch andere Zuordnungen in Betracht. Man kann den Roman seiner Form nach als **Episodenroman** bezeichnen. In einem derartigen Werk ranken sich verschiedene Nebenhandlungen um eine Haupthandlung. Sie sind in sich abgeschlossen und mit der Haupthandlung locker verbunden. Auf Brussigs Roman übertragen bedeutet dies, dass die Liebesgeschichte zwischen Micha und Miriam die Haupthandlung darstellt. Mit ihr verbunden sind die Nebenhandlungen, z. B. die Suche Wuschels nach der Rolling-Stones-LP oder die Erlebnisse von Michas Bruder Bernd bei der Nationalen Volksarmee.

Aufgrund der Erzählhaltung lässt sich das Werk zudem als **satirischer Roman** betrachten. Durch übertriebene Darstellung wird Kritik an den Normen und Werten des real existierenden Sozialismus geübt. Die Verhältnisse, die in der DDR existierten, werden vom Autor auf humorvolle Weise kritisiert. Davon sind vor allem die politischen und gesellschaftlichen Realitäten betroffen. Der einfache Bürger, der normale Mensch, wird dagegen sehr sympathisch und liebenswert dargestellt.

Die **Makrostruktur** – also der grobe strukturelle Zusammenhang des Romans – stellt sich wie folgt dar: *Am kürzeren Ende der Sonnenallee* besteht aus 14 Kapiteln unterschiedlicher Länge (zwischen 3 und 24 Seiten). Die Kapitel sind überschrieben, aber nicht durchnummeriert. Der Autor verzichtet auf ein Kapitelverzeichnis zu Beginn oder am Ende des Buches. Die Überschriften der einzelnen Kapitel sind überwiegend **nominal** geprägt. In drei Fällen bezeichnen sie eine Gruppe (Kapitel 2, 4; vgl. die Kapitelnummern im Folgenden mit der Kapitelübersicht, *Interpretationshilfe,* S. 34) oder eine Einzelperson (Kapitel 10), die in dem Kapitel eine besondere Rolle spielen. **Musiktitel** bilden den zweiten Schwerpunkt der Überschriften. Zwei Kapitel sind mit französischen Musiktiteln überschrieben (Kapitel 7, 11), ein weiteres mit einem sozialistischen Kampflied (Kapitel 8). Die meisten anderen Kapitelüberschriften fassen wichtige Aspekte dessen zusammen, was in dem jeweiligen Abschnitt von inhaltlicher Bedeutung ist (Kapitel 1, 5, 12, 13). Der Titel von Kapitel 3 charakterisiert mit einem zu einem Wort zusammengezogenen Gliedsatz die Familie Kuppisch, die in diesem Teil des Buches ausführlich vorgestellt wird. Die Überschriften des 6. und 9. Kapitels haben einen starken inhaltlichen Bezug zum jeweiligen Kapitel. Die Überschrift des letzten Kapitels deutet dessen umfassenden, abschließenden Charakter an.

Das erste Kapitel hat einen **prologhaften** Charakter. Es ist eine Vorrede, eine Einleitung, die zur Haupthandlung führt und u. a. erläutert, was es mit dem „kürzeren Ende der Sonnenallee" auf sich hat. Es ist das einzige Kapitel, das eine Rückblende, nämlich in die unmittelbare Nachkriegszeit, enthält. Außerdem werden die Hauptpersonen vorgestellt. Die Geschehnisse um den Liebesbrief sind angedeutet, ebenso die Liebesgeschichte zwischen Miriam und Micha.

Die Kapitel „Die Verdonnerten" und „Leben und Sterben in der Sonnenallee" nehmen eine Sonderstellung ein, wobei sie allerdings keinen Rahmen für die restlichen Kapitel darstellen. „Die Verdonnerten" stellt den **Ausgangspunkt für zahlreiche Handlungsstränge** dar, die im weiteren Verlauf immer wieder aufgegriffen und fortgeführt werden. So ist das Lied *Moscow* der Ursprung für die zahlreichen Kontrollen Michas durch den ABV. Der Reisepass, den Michas Mutter später findet, wird zum ersten Mal erwähnt. Der Liebesbrief und die Liebe Michas zu Miriam werden thematisiert. In diesem Kapitel gibt sie ihm das Kuss-Versprechen, das an mehreren Stellen im weiteren Verlauf des Romans eine Rolle spielt.

Das Gegenstück dazu ist das Kapitel „Leben und Sterben in der Sonnenallee". Darin werden unterschiedliche **Handlungsstränge** aus den vorangegangenen Abschnitten **zusammengeführt und abgeschlossen**. Der geheimnisvolle Liebesbrief verbrennt, Miriam und Micha finden endlich zueinander, Onkel Heinz stirbt an Lungenkrebs und wird in Ascheform selbst Gegenstand eines Schmuggel-Unternehmens. Marios Kind wird geboren und die Existenzialistin bekommt endlich einen Namen. Hinzu kommt das Schlusswort des Erzählers.

Die dazwischen liegenden Kapitel sind auf der **Mikro-Ebene** eng miteinander verwoben. Die Kapitel 2 bis 9 und 10 bis 13 sind derart verknüpft, dass zu Beginn des folgenden Kapitels jeweils ein Aspekt des vorangegangenen aufgegriffen wird, z. B. die Mutter von Kapitel 2 auf 3, das Jugendfestival von 7 auf 8, das Verhör auf dem Polizeipräsidium von 8 auf 9 oder der Diebstahl eines Buches durch die Existenzialistin von 10 auf 11.

Zahlreiche Handlungsstränge werden zudem in den Kapiteln erneut aufgegriffen, wie z. B. die Liebesgeschichte, das Kuss-Versprechen, die Schmuggeleien von Onkel Heinz oder die Verunglimpfungen Michas durch Westler von der Aussichtsplattform. Nicht nur auf der inhaltlichen, sondern auch auf der strukturellen Ebene wird so die **Episodenhaftigkeit des Romans** deutlich. Ein durchgehender Handlungsstrang, der konsequent verfolgt wird, existiert nicht. Stattdessen werden viele unterschiedliche Episoden miteinander verwoben und spotartig auf die Sonnenallee fokussiert. Es zeigt sich die enge strukturelle Verwandt-

2 Literarische Form und Struktur / 51

schaft des Romans mit einem Filmdrehbuch. Diese Ähnlichkeit ist jedoch nicht verwunderlich, wenn man die Entstehungsgeschichte des Romans betrachtet (vgl. *Interpretationshilfe,* S. 6 f.).

Übersicht über die Romanstruktur

3 Zentrale Themen und Motive

Die **Motivik** in Brussigs Roman *Am kürzeren Ende der Sonnenallee* ist nicht sehr ausgeprägt. Er ist nicht so filigran konstruiert, dass er eine Vielzahl von Motiven bieten würde.

Einer der Komplexe, denen man motivähnlichen Charakter zubilligen kann, ist die **Musik**. Musiktitel und Interpreten erscheinen häufig, teilweise sogar als Kapitelüberschriften. Bereits zu Beginn spielt die Musik eine entscheidende Rolle, als der ABV die *Moscow, Moscow*-Kassette von Micha beschlagnahmt und – weil er sie vermutlich vor seinen Kollegen abspielt – degradiert wird. Das hat zur Folge, dass Micha von da an ständig kontrolliert wird, bis der ABV seine Rache gefunden hat, als er Micha für eine Nacht einsperren kann.

Der Titel *Moscow*, so die korrekte Bezeichnung, der Gruppe Wonderland war in der DDR verboten. Der Titel erreichte im Juli 1968 mit Platz 15 in den deutschen Musik-Charts seine höchste Platzierung. Die Band Wonderland war eine Rock-Formation aus erfahrenen Musikern. Zu ihr gehörten u. a. Les Humphries, Achim Reichel und andere Musiker der Rattles, einer sehr bekannten deutschen Beat-Formation der sechziger Jahre. Rockmusik aus dem Westen, sei es aus der BRD oder dem anglo-amerikanischem Raum, war in der DDR nicht erlaubt. Es hieß, diese Musik verderbe die Jugend. Sie galt als Ausdruck der Dekadenz, der sittlichen und moralischen Verwahrlosung des imperialistischen Klassenfeindes. Die Führung der DDR stand allerdings vor einem Problem: In der DDR konnte man Westfernsehen und Westradio empfangen. Die Jugend hatte so die Möglichkeit, die neuesten Musik-Entwicklungen im Westen zu verfolgen. So ist es kein Wunder, dass die Musik-Kassette das entscheidende Medium des gezielten Zugriffs auf Musik war. Es war kein Problem, die Titel vom Radio mitzuschneiden und beliebig oft zu kopieren und zu verbreiten.

Bereits 1979 kamen die beliebtesten Musiktitel aus dem westlichen Ausland. Bis 1987 steigerte sich die Beliebtheit dieser Musik von 51 % auf 87 %. Das bedeutet, Popmusik war im Osten integraler Bestandteil des Alltags von Jugendlichen.8 Ebenso heißt dies, die Jugend definierte sich in wesentlichem Maße über den gemeinsamen Konsum von Musik und grenzte sich von den Erwachsenen ab. Laut einer Untersuchung von 1979 bevorzugten Jugendliche in der DDR die Beatmusik. In dem Begriff war auch die Rockmusik enthalten. Dieser Befund gewinnt umso mehr an Bedeutung, wenn man weiß, dass nur 0,3 % der Jugendlichen sich nicht für Musik interessierte.9

Es sind Rockmusik und Chansons, die im Roman *Am kürzeren Ende der Sonnenallee* eine exponierte Stellung einnehmen. Die am häufigsten genannten Titel der **Rockmusik** stammen von den Rolling Stones (vgl. S. 51, 105). Auch das Album *Exile on Main Street*, dem Wuschel nachjagt, stammt von dieser britischen Formation. Sie ist die dienstälteste Rockband der Welt, die die Musik in besonderer Weise mitprägte und Vorläufer für viele weitere Stilarten der Musik wie Hardrock, Heavy Metal, Glam, Punk oder Grunge waren. Die Geschichte des Rock 'n' Roll ist eigentlich die Geschichte der Rolling Stones. Rockmusik steht stellvertretend für den Widerstand der Jugendlichen gegen die vorherrschenden Verhältnisse. Gerade in den sechziger Jahren und zu Beginn der siebziger Jahre, aus denen die erwähnten Titel stammen, war diese Art von Musik aufrührerisch. Der revolutionäre Charakter lässt sich auf Michas Clique übertragen. Die Jugendlichen grenzen sich durch die Musik, die sie hören, von den Erwachsenen ab. Wer dazugehören will, muss diese Musik hören. Es ist nicht weiter verwunderlich, dass sich Micha mit seinen Freunden zum Musikhören auf dem Spielplatz an der Sonnenallee trifft, da Musik eine stark gruppenbildende Wirkung besitzt. Indem der Autor seine Protagonisten diese Musik hören und bewundern lässt, verstärkt er den stellvertretenden

Charakter, den sie für alle Jugendlichen in der DDR besitzen – sie verhalten sich auch hinsichtlich ihres Musikgeschmacks und -konsums so wie die meisten der heutigen deutschen Jugendlichen.

Auch die weiteren im Roman erwähnten Musikgruppen und Interpreten sind Größen ihrer Zunft. The Doors (vgl. S. 37), Frank Zappa, Led Zeppelin (vgl. S. 53), Eric Burdon, Bachmann Turner Overdrive (vgl. S. 54) oder Bob Dylan (vgl. S. 56): Sie alle sind absolute Ausnahmevertreter des Rock 'n' Roll. Diese Musikrichtung ist nicht nur eine Stilform, sondern repräsentiert ein Lebensgefühl. Indem die Protagonisten diese Musik hören, sind sie Vertreter des Lebensgefühls von Freiheit und Unangepasstheit.

Die zweite Musikrichtung, die vermehrt im Roman auftritt, sind **französische Chansons**. Allein der Titel *Je t'aime* (Ich liebe dich) wird neun Mal erwähnt (vgl. S. 76, 102, 103, 108) und ein Mal (vgl. S. 101) als Kapitelüberschrift verwendet. Der Titel stammt aus dem Jahre 1969 und erreichte den dritten Rang in den deutschen Charts. Das Lied wurde von Jane Birkin zusammen mit Serge Gainsbourg aufgenommen und war in ganz Europa ein Erfolg. Es ist ein sehr erotisches, freizügiges Lied, in dem ein Liebesakt durch heftiges Stöhnen angedeutet wird. Es ist kein Zufall, dass gerade jenes Lied gespielt wird, wenn es im Roman um die Liebe geht: „Die Existentialistin schaltete Edith Piaf aus und legte *Je t'aime* auf – sie wußte, was sie wollte." (S. 76) Inspiriert von diesem Lied, verführt die Existenzialistin den unerfahrenen Mario.

Die Überschrift dieses Kapitels ist ein Titel von Edith Piaf, der wohl populärsten französischen Chansonette. Sie setzte mit ihrer ausdrucksstarken, melancholischen Stimme Maßstäbe für das Genre des Chansons. *Non, je ne regrette rien* (Nein, ich bedaure nichts) ist eines ihrer bekanntesten Werke. Der Titel ist zum einen Motto für das Kapitel, denn Mario hat in seiner Beziehung zur Existenzialistin nichts zu bereuen. Der Titel kann aber zum anderen als Motto für den ganzen Roman verstanden werden: Das Leben in der DDR war zwar nicht so, wie man es sich gewünscht hätte, trotzdem gibt es für den einfachen Bürger nichts zu bereuen. Das politische System war zwar menschenverachtend, das Leben und der Zusammenhalt der Menschen hatten aber gute Seiten, an die man sich gerne erinnert und die nicht in Vergessenheit geraten sollten.

Edith Piaf (1915–1963)

Der zweite Einsatz des Titels *Je t'aime* erfolgt auf der Party, auf der Micha seine angebetete Miriam von seiner Liebe überzeugen will. Auf Anraten von Mario und der Existenzialistin soll er es bei diesem Titel versuchen. Mit der häufigen Erwähnung des Titels auf Seite 106 deutet sich eine entscheidende Phase in der Beziehung zwischen den beiden an. Zwar gelingt es Micha im Verlaufe der Party nicht, Miriam von seiner Liebe zu überzeugen. Im letzten Kapitel kommt es aber zum Happyend zwischen den beiden. Das Lied wird symbolisch für die Liebe verwendet.

Dem Motiv der Musik kann so symbolische Bedeutung beigemessen werden: Sie symbolisiert das Lebensgefühl der Figuren und die Einstellung zur DDR.

Ein weiteres Großthema im Roman, das motivähnlichen Charakter hat, sind die **Ost-West-Beziehungen**. Quer durch Deutschland verlief Ende der 70er-Jahre der Eiserne Vorhang, die Grenze zwischen Kapitalismus und Sozialismus, zwischen der „freien" westlichen Welt und dem Ostblock. Dies hatte zur Folge, dass die Lebensumstände in der DDR sehr von denen in der BRD abwichen. Für die Anwohner des kürzeren Endes der Sonnenallee waren diese Unterschiede besonders spürbar, lebten sie doch nur wenige Meter vom „gelobten" Westen entfernt.

Berlin-Ost (sowjetischer Sektor) mit Blick auf Brandenburger Tor und Todesstreifen in den 70er-Jahren

Die Nähe zum Westen hat Demütigungen für Micha zur Folge. Direkt an der Grenze steht im Westen ein **Aussichtsturm**, von dem aus man in die DDR blicken kann. An fünf Stellen im Roman wird diese Plattform erwähnt (vgl. S. 9, 46, 70, 77, 136). Jedes Mal sind es Schulklassen, die sich über Micha lustig machen oder ihn wegen seines Aussehens verunglimpfen. Die Bundesregierung förderte Klassenreisen nach West-Berlin, sodass zahlreiche Schüler aus dem Westen Ost-Berlin besuchten und die Mauer besichtigten. Für Besucher aus dem Westen sind die Anwohner der Sonnenallee eine Attraktion wie Tiere, die man im Zoo besichtigt. Micha wird z. B. als „Zoni" (S. 9, 77) tituliert, ein Schimpfwort für die Bewohner der DDR, das auf die Zeit vor 1949 zurückgeht, als die DDR noch Sowjetische Besatzungszone (SBZ) hieß. Nur als Micha seinen neuen Anzug trägt, den Onkel Heinz mitgebracht hat, gibt es keine Schmähungen, denn nun sieht er aus wie ein Schüler aus dem Westen. Die Zurufe enden endgültig, als Micha in einem Wutanfall Selbstbewusstsein zeigt und droht, auf die Schaulustigen zu schießen, wenn er erst einmal selbst als Soldat an der Grenze dient (vgl. S. 136). Danach findet der Aussichtsturm keine Erwähnung mehr.

Eine weitere Kontaktform zwischen Ost und West, die im Roman erwähnt wird, sind die Schmuggelaktionen. In der DDR gab es nicht alles zu kaufen bzw. Güter waren nicht in ausreichender Menge vorhanden. So war Westverwandtschaft für die

Bewohner von großer Bedeutung. Man hatte auf diese Weise die Möglichkeit, an Dinge zu gelangen, die sonst nicht zu bekommen waren. Viele Bundesbürger schickten z. B. an Weihnachten Päckchen und Pakete mit Konsumgütern wie Jeans o. Ä. zu ihren Verwandten in die DDR. Für Familie Kuppisch ist Onkel Heinz, der Bruder von Mutter Doris, die Westverwandtschaft. Er ist in der Lage, bei seinen häufigen Besuchen Dinge in den Osten zu transportieren. Onkel Heinz steht so stellvertretend für viele Bundesbürger, die Verwandtschaft in der DDR hatten und diese unterstützten. Zu Michas Leidwesen versteckt er aber nur Sachen, die nicht geschmuggelt werden müssten, sodass er seine besondere Funktion eigentlich nicht erfüllen kann.

Ein Beispiel für das schwierige, häufig ambivalente (zwiespältige) Ost-West-Verhältnis ist **Michas Mutter**. Auf der einen Seite versucht sie vehement, sich mit dem System zu arrangieren. Sie versucht ihren Mann zu überreden, das linksgerichtete SED-Zentralorgan anstelle der westorientierten *Berliner Zeitung* zu lesen. Damit möchte sie einen guten Eindruck auf ihren Nachbarn machen, der vermeintlich bei der Staatssicherheit arbeitet. Deshalb nimmt sie zwei Gäste des Jugendfestivals aus Dresden auf, für die sie beim Nachbarn Luftmatratzen erbittet. Zudem wünscht sie, dass Micha in Moskau studiert. Dies kann aber nur gelingen, wenn die ganze Familie einen guten, d. h. systemkonformen, Eindruck hinterlässt.

Jugendfestival: Rockkonzert in Weißensee

Auf der anderen Seite will sie dem System den Rücken kehren und fliehen. Dazu nimmt sie große Anstrengungen auf sich, muss sie doch optisch um zwanzig Jahre altern, um dem Foto auf dem gefundenen BRD-Reisepass zu entsprechen. An der Grenze muss Michas Mutter jedoch feststellen, dass der Unterschied zwischen Ost und West sich nicht nur auf Äußeres beschränkt:

Frau Kuppisch sah, wie locker und selbstbewußt die auftreten, wie laut die reden, wie gespielt die lachen und wie raumgreifend sie agieren – als sie all das sah, wußte sie, daß ihr zu einem Westler mehr fehlt als nur der Paß, die Schuhe, die Kleider und das Kukident. Und sie wußte, daß sie niemals so werden wird wie die. (S. 99)

Eine weitere Episode, die die Unterschiede zwischen Ost und West verdeutlicht, ist die **Geschichte des Gemüseladens** (vgl. S. 86 ff.). Als ein Tourist aus dem Westen feststellt, dass das Angebot erbärmlich sei, wird dieser Umstand von der SED-Kreisleitung aufgegriffen und für Abhilfe gesorgt. Für die Besucher aus dem Westen soll die DDR als sozialistisches Paradies erscheinen. Dies ist ein Beispiel dafür, wie vor allem Ost-Berlin in der DDR bevorzugt wurde. Keine Stadt wurde dermaßen privilegiert mit Materialien und Konsumgütern versorgt wie die Hauptstadt der DDR. Sie war die Vorzeigestadt im Osten, was nicht verwunderlich ist, wenn man bedenkt, dass Touristen vor allem diese Stadt besuchten und einen guten Eindruck, den Beweis der Überlegenheit des Sozialismus, erhalten sollten.

Durch die vielen Begegnungen zwischen Ost und West, die Brussig in seinem Roman schildert, werden die **Unterschiede zwischen den beiden deutschen Staaten** deutlich. Auf der einen Seite stehen die Bundesbürger, für die die DDR ein minderwertiger Staat war, in dem die Bewohner mit allerlei Sorgen und Nachteilen zurechtkommen mussten, dem man aber gerne einen Besuch abstattete, um richtig staunen zu können. Auf der anderen Seite sind die Bürger der DDR, von denen sich einige nach dem Westen sehnten, aber nicht den Mut aufbrachten, den entscheidenden Schritt zu tun. Schließlich die Staatsmacht der DDR, die alles tat, um den Schein der Normalität zu wahren.

4 Der Erzähler und die Erzählstruktur

Der Erzähler im Roman *Am kürzeren Ende der Sonnenallee* ist ein **auktorialer Erzähler**. Er steht quasi hoch oben über den Dingen, überschaut die gesamte Handlung und kennt sogar die geheimsten Gedanken, Hoffnungen und Gefühle der Protagonisten: „Er fühlte" (S. 10), „sie vermutete" (S. 18), „er schloß die Augen und dachte" (S. 29).

Er überblickt sowohl die Vergangenheit, in der die Geschichte spielt, als auch die Gegenwart. Dies wird an zwei Stellen im Roman deutlich, an denen der Erzähler über die Gegenwart der Protagonisten berichtet: „Heute benutzt alle Welt CDs." (S. 57); „Heute sagt Herr Kuppisch manchmal […]" (S. 87). Dem Erzähler ist nicht nur bekannt, was die Hauptpersonen in der Vergangenheit getan, gesagt und gedacht haben, sondern er kennt auch ihr Verhalten in der Gegenwart.

Der Leser gewinnt im Verlaufe des Romans den Eindruck, dass der Erzähler die Geschehnisse **selbst miterlebt** hat: „Ich glaube, Mario sagte damals schon, daß Wuschel seine *Exile* niemals hören wird […]" (S. 57). Dies ist die einzige Stelle, in denen der Erzähler von sich in der ersten Person Singular spricht, wobei er, der sonst alles ganz genau weiß, sich nicht sicher zu sein scheint. Dadurch erscheint es dem Leser so, als sei der Erzähler bei dem, was er berichtet, selbst dabei gewesen, wäre sich im Nachhinein, speziell an der Stelle, allerdings nicht mehr sicher, ob es sich wirklich so abgespielt habe. Dadurch gewinnt der Erzähler an Menschlichkeit, denn derartiges Vergessen ist eine typisch menschliche Eigenschaft.

Die Vermutung, der Erzähler habe die Geschehnisse selbst miterlebt, wird dadurch unterstützt, dass er an mehreren Stellen des Romans die erste Person Plural verwendet, wenn er die Bewohner der DDR meint: „Wir hatten ja keine Reisepässe, wir mußten immer mit dem Personalausweis […] vor die Ostblock-

Grenzer treten." (S. 94) „Es ging [...] darum, [...] Kontakte mit allen zu kriegen, die dort wohnten, wo wir nicht hinfahren durften." (S. 124) Der Erzähler ist Bewohner der DDR gewesen. So erscheint dem Leser und der Leserin der Erzähler als eine Person, die genau weiß, wovon sie spricht, weil sie das selbst erlebt hat. Er erlangt so eine große Glaubwürdigkeit.

Ein wesentliches Merkmal der Erzählstruktur sind die zahlreichen **Vorausdeutungen**. Die einzelnen Episoden sind oft so aufgebaut, dass es entweder einen Hinweis auf Ereignisse gibt, die dann später geschildert werden, oder dass der Erzähler das Ergebnis einer Episode vorwegnimmt und die Entstehungsgeschichte, wie es zu diesem Ergebnis gekommen ist, im Nachhinein berichtet. Bereits auf Seite 9 erwähnt der Erzähler zum ersten Mal den Liebesbrief. Die Geschehnisse, die im Zusammenhang mit diesem Liebesbrief stehen, werden dann allerdings erst im weiteren Verlauf geschildert. Mit „Dann kam es doch zu Marios Verhaftung." (S. 121) leitet der Erzähler das Kapitel „Wie Deutschland nicht geviertelt wurde" ein. Im Zuge des Kapitels wird exakt mitgeteilt, was es mit der Verhaftung auf sich hat: „Auch Micha wurde mal im Grenzgebiet verhaftet." (S. 126) Im Anschluss an diesen Satz wird die Verhaftung in allen Einzelheiten geschildert. Es kommt auch vor, dass eine derartige Einleitung am Ende des vorausgehenden Kapitels vorweggenommen wird: „Während des Jugendfestivals hatte sich nämlich ein Vorfall ereignet, über den noch lange in der Sonnenallee geredet wurde." (S. 83) Im nächsten Kapitel wird genau berichtet, was es mit dem Vorfall auf sich hat. Auf diese Art und Weise wird versucht, für den Leser einen Spannungsbogen aufzubauen, der ihn zum Weiterlesen animiert.

Das verwendete Tempus ist das **Präteritum des epischen Erzählens**. Der Erzähler weicht davon nur an den Stellen ab, an denen er aus der Gegenwart berichtet (vgl. S. 57, 87).

Die **erzählte Zeit**, abgesehen von der Rückblende zur Potsdamer Konferenz im Jahre 1945, erstreckt sich über ungefähr ein Jahr und acht Monate. Die erste Episode, die Beschlagnahme der *Moscow, Moscow*-Kassette durch den ABV, findet wahrscheinlich in den Sommerferien statt. Dann wird Micha zum Diskussionsbeitrag verdonnert und versucht bei der Schuldisco, die immer in den ersten Wochen des Schuljahres stattfindet, Kontakt zu Miriam aufzunehmen. Die Darstellung dieses Schuljahrs erstreckt sich bis auf Seite 92: „Es war der letzte Schultag, vor den großen Ferien [...]" (S. 92). Nach seiner Verhaftung, weil er im Grenzgebiet keinen Ausweis dabei hat, muss Micha zum ersten Schultag ins Rote Kloster, eine weiterführende Schule (vgl. S. 129). An einem „der letzten warmen Tage des Jahres" (S. 144) trifft Micha Miriam und verabredet sich mit ihr zum Kinobesuch. Das müsste ungefähr im September sein. Ein paar Tage vorher erfährt Mario, dass seine Freundin schwanger ist. Etwa sechs Monate später, als diese im achten Monat schwanger ist, findet die Geburt statt. Zählt man die Zeiträume zusammen, kommt man auf die oben genannte erzählte Zeit.

Die Jahre, in denen die Geschichte spielt, sind nicht so exakt zu bestimmen. Es gibt einige Hinweise im Text, an denen man sich orientieren kann. Da sind z. B. die Erscheinungsdaten der genannten Musikstücke. Der jüngste genannte Hit ist *Hiroshima* von der englischen Formation Wishful Thinking. Der Titel wurde zwar im Jahre 1969 aufgenommen, erlangte damals aber keine große Bekanntheit. Erst neun Jahre später gelangte er in die deutsche Hitparade und erreichte im Mai 1978 mit Platz acht die höchste Notierung in den Top Ten der deutschen Musik-Charts. Der Roman setzt also frühestens im Sommer 1978 ein.

Ein weiterer zeitlicher Hinweis ist die Figur des Russen, der der Existenzialistin bei der Geburt ihres Kindes hilft. Es handelt sich dabei um Michail Gorbatschow, den späteren sowjetischen bzw. nach dem Zusammenbruch der Sowjetunion russischen

Präsidenten. Den entscheidenden Hinweis liefert das große „Muttermal auf der Stirn" (S. 156), das den aus dem Auto steigenden Russen kennzeichnet, und das auch Gorbatschow aufweist. Dieser Russe befindet sich zur Zeit der Geburt von Marios Kind auf einem Staatsbesuch in der DDR. Wenn man davon ausgeht, dass nur hochrangige Politiker solche Besuche durchführen, kann man als frühesten Zeitpunkt eines derartigen Besuches für Gorbatschow das Jahr 1980 annehmen, als er Mitglied im Politbüro der KPdSU (Kommunistische Partei der Sowjetunion), dem höchsten Führungszirkel der UdSSR, wurde. 1985, das Jahr, in dem Gorbatschow Generalsekretär der KPdSU – und damit faktisch Staatschef – wird, ist als Zeitpunkt für den Besuch in Ost-Berlin zu spät. Das ergibt sich aus folgendem Hinweis: Micha ist in der dritten Klasse, als noch der Vietnamkrieg stattfindet (vgl. S. 78 f.). Nimmt man als spätesten Zeitpunkt für diese Episode das Jahr 1973 an, in dem das Waffenstillstandsabkommen unterzeichnet wurde, und berücksichtigt, dass Micha in der zehnten Klasse ist, kann sich die geschilderte Episode mit der Geburt von Marios Kind spätestens 1981 zugetragen haben. Legt man diese Indizien zugrunde, spielt der Roman **Ende der 70er-, Anfang der 80er-Jahre**.

Der genaue Zeitpunkt der einzelnen Episoden und Geschichten rund um die Sonnenallee ist nicht von entscheidender Bedeutung. Der Erzähler hält **die zeitliche Einordnung sehr vage**. Häufig leitet er die Erzählungen mit einem „einmal" (S. 21 u. a.) oder der Redewendung „eines Tages" (S. 94, 154) ein. Diese märchenhaften Floskeln erwecken den Eindruck, die Geschichten könnten zu jedem Zeitpunkt der DDR-Existenz stattgefunden haben. So erreicht der Erzähler, dass die dargestellten Verhaltensweisen als für die DDR allgemeingültig betrachtet werden können. Die Sonnenallee wird so zu einer DDR im Kleinen, die stellvertretend für den gesamten Staat steht. „Held" ist hier die Straße, keine Person.

5 Sprache

Am kürzeren Ende der Sonnenallee ist nicht zuletzt aufgrund seiner sprachlichen Eigenschaften ein Bestseller gewesen. Der Roman ist anspruchsvoll, aber dennoch nicht zu schwer geschrieben, sodass er für jugendliche Leser verständlich ist und zum Weiterlesen motiviert.

Die **Syntax** stellt an den Leser keine besonderen Anforderungen. Brussig verzichtet auf schwierige, komplizierte Verschachtelungen und begnügt sich mit **einfachen Satzgefügen**. Die einzigen längeren Satzgefüge setzen sich aus Aufzählungen zusammen, die leicht nachvollziehbar sind. Die sprachliche Schlichtheit macht dieses Buch gerade auch für Leser interessant, die das gleiche Alter wie die Protagonisten (Hauptfiguren) des Romans haben, nämlich für 15- bis 16-jährige Jungen und Mädchen.

Das erste Phänomen, das bei genauerer Betrachtung der **Wortwahl** auffällt, ist die Verwendung zahlreicher Wendungen und Begrifflichkeiten aus der **Umgangs- und Jugendsprache**. Im Roman wimmelt es von saloppen Ausdrücken, die Jugendliche, egal ob in Ost oder West, zu jeder Zeit in ihren Sprachgebrauch integriert haben und immer noch benutzen. So wirkt die Sprache der Personen und auch die des Erzählers authentisch und der Leser kann sich mit ihnen identifizieren. Die Jugendlichen sind „verknallt" (S. 19) statt verliebt. Mehrfach „klappte der Unterkiefer runter" (S. 24, 97), wenn Erstaunen dargestellt wird. Schlechte LP-Pressungen bezeichnet Wuschel als „Jugoscheiß" (S. 51) und umschreibt so sehr plastisch, was er von dieser Art von Qualität hält. „Gib mir'n Sitzkissen für untern Arsch!" (S. 83), lautet die Forderung der Existenzialistin, als ihr nach vier Stunden im Diogenes-Fass das Hinterteil schmerzt. Um eine Party zu veranstalten, benötigt man eine Wohnung zu einem Zeitpunkt, an dem die Eltern nicht zu Hause sind, also eine „sturmfreie Bude" (S. 102). Der Mann der Gemüsefrau, nun wahrlich nicht vom Glück verfolgt, wird als „eine arme Sau" (S. 124) charakterisiert. Wenn ein heftiger Regen niedergeht, wie zu dem Zeitpunkt, als Mario seine Freundin zur Geburt ins Krankenhaus fahren muss, „goß es wie aus Kübeln" (S. 154). Die Liste ist beliebig fortsetzbar und keineswegs vollständig. Sie verdeutlicht aber schon sehr eindrucksvoll, dass die Sprache, die in *Am kürzeren Ende der Sonnenallee* vornehmlich gepflegt wird, sich nicht vom Sprachgebrauch eines anderen realen Bewohners Deutschlands, sei es im damaligen Osten oder im Westen, unterscheidet. So sind es nicht nur die Jugendlichen im Roman, die diesen Sprachgebrauch pflegen. Auch die Erwachsenen, und vor allem der Erzähler verwenden diese Sprache. Eine Ausnahme davon bildet das Personal, das die Staatsmacht der DDR repräsentiert, also z. B. die Direktorin Erdmute Löffeling, der ABV oder der Parteisekretär von der Kreisleitung: „Der Parteimensch zeigte sich Michas Argumenten sogar sehr gewogen. [...] Erdmute Löffeling mißbilligte den Gebrauch des Komparativs" (S. 80). Die Sprache verdeutlicht die gesellschaftliche Trennung der beiden Gruppen.

Eigentümlich ist auch die Verwendung einiger **Verben**. Da werden während der Schuldisco Etiketten von Flaschen „abgepopelt" (S. 23), d. h. mithilfe der Fingernägel entfernt. Mario möchte das Schrapnell nicht „betanzen" (S. 23). Diese Wortneuschöpfungen (Neologismen) dürften in keinem Wörterbuch zu finden sein. Jeder, der sie aber im Zusammenhang liest, weiß genau, was gemeint ist, und kann sich die Situationen mithilfe dieser Neologismen sehr gut vorstellen. Etwas veraltet klingt es hingegen, wenn die Existenzialistin nach der ersten Liebesnacht Mario fragt: „Na, habe ich dich jetzt entbübt?" (S. 77) Diese Formulierung birgt ohne Zweifel ein humoristisches Potenzial. Ebenso ungewöhnlich wirkt es, wenn tänzerische und sängerische Aktivitäten auf der Fete wie folgt umschrieben werden: „Der Dicke blueste sich einen ab [...]" (S. 105). „Bluesen" bedeutet hier die Art und Weise, wie er einen Blues singt und sich dazu bewegt. Eine derartige Verwendung von Verben zeugt von einem kreativen, situationsangepassten Umgang mit der Sprache.

Neben umgangssprachlichen Formen treten in etwas geringerer Häufigkeit **hoch- und fremdsprachliche Ausdrücke** auf. Bestimmte Umschreibungen, die die Jugendlichen verwenden, klingen „subversiver" (S. 11) als andere. Michas Schwester Sabine verliebt sich immer so vollständig in ihren jeweiligen Aktuellen, „daß sie ihm immer nachzueifern trachtete" (S. 34). Bei Familie Kuppisch unterhält man sich nicht oder streitet ganz einfach, sondern es werden „Dispute" (S. 35) geführt. Beim Tanzen verhält man sich „den Gepflogenheiten entsprechend" (S. 48). Auf Platten-Cover zu treten ist für Wuschel „Frevel" (S. 52). Als Sabine dabei ist, Shakespeare zu „deklamieren", erliegt „ihr Ausdruck [...] einer kontextualen Brechung" (S. 62). Frau Kuppisch beobachtet vor dem geplanten Grenzübertritt, wie die Westler „raumgreifend agieren" (S. 99). Es wird „traktiert" (S. 107), „postuliert" (S. 119) und die Existenzialistin hält „Tiraden" (S. 140). Der Kontrast zur Umgangs- und Normalsprache, der sich die Figuren zum großen Teil bedienen, hat **humoristische Effekte** und kann als wichtiger Pfeiler der satirischen Anlage des Romans verstanden werden.

Lokalkolorit erhält die Sprache durch die Verwendung des **Berliner Dialekts**. So möchte Micha ein Loch mit einer „Blech-Buddelschippe" (S. 102) graben. Nach der Aufwertung hat der „olle Gemüseladen" (S. 87) endlich ein vernünftiges Angebot an Obst und Gemüse. Zweimal im Roman werden längere Passagen ‚berlinert': Einer der West-Autofahrer, die von den jugendlichen Festival-Gästen Olaf und Udo „agitiert" werden, sagt den beiden seine Meinung (vgl. S. 86), und die Existenzialistin hält ihre Tirade beim Vollmond-Spaziergang an der Sonnenallee ebenso im Dialekt (vgl. S. 140).

Sprachverwendung in „Am kürzeren Ende der Sonnenallee"

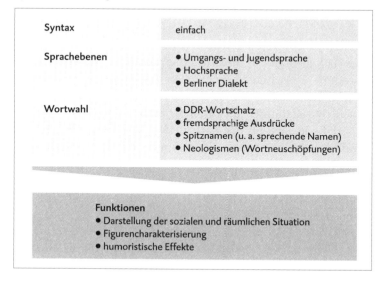

Verständnisprobleme kann bei Lesern, die damit nicht aufgewachsen sind, der spezielle **DDR-Wortschatz** verursachen. Die unterschiedliche Entwicklung der beiden deutschen Staaten nach dem Zweiten Weltkrieg ging auch an der Sprache nicht spurlos vorüber. In der DDR gab es eine Vielzahl von Wörtern, Begriffen und Abkürzungen, die in der Bundesrepublik vollständig unbekannt waren und die heute auch keine Verwendung mehr finden. Sprachliche Neuschöpfungen, Neuprägungen und Neubedeutungen im DDR-Deutsch gab es vor allem im politischen, wirtschaftlichen und kulturellen Bereich. Aus dem reichhaltigen Reservoir schöpft Brussig mit vollen Händen und lässt so die DDR-Vergangenheit sprachlich wieder aufleben. Das reicht vom Ost-Kleber „Kitifix" (S. 73), über den „ABV" (u. a. S. 12), der „DSF", dem „DTSB" und dem „Subbotnik" (alle S. 27) bis hin zum „Hausbuch" (S. 153) in seiner speziellen Bedeutung (vgl. *Interpretationshilfe,* S. 84 f.), um nur einige zu nennen.

Das Extreme im Alltag der DDR und auch in Michas persönlicher Situation verdeutlichen die häufig grammatisch falschen **Superlative**. Beim Militär herrschen „in jedester Hinsicht" (S. 33) andere Maßstäbe. Bei der Musterung bewegt sich Michas Bruder Bernd mit seinen Äußerungen an der Grenze „des Erlaubtesten" (S. 33). Beim Gespräch mit der Direktorin über die Hunger-Posen versucht sich Micha mit einer Feststellung über den Klassenfeind im Westen aus der Affäre zu ziehen: „Wenn die Lügen am schmutzigsten sind, ist der Gegner am in die Ecke getriebensten." (S. 80) Miriam ist natürlich „das schönste Mädchen" (S. 19) in der Sonnenallee und „die schönste Partnerin" beim Abschlussball, bei dem Micha „den schönsten Anzug" trägt und selbstverständlich „der beste Tänzer" (alle S. 70) ist.

Auffällig ist auch die häufige Verwendung von **Spitznamen** für die Charaktere des Romans. Sie sind gebildet aus der Abkürzung der Vornamen (Micha, Mischa, Franki), abgeleitet vom Äußeren ihres Trägers (Brille, Wuschel, der Dicke, das Schrapnell, Kante), von der ausgeübten Tätigkeit (der Kulissenschieber), von der persönlichen Weltanschauung (die Existenzialistin), von einer Krankheit (der Asthmatiker), von einem selbstgewählten Funknamen (Pik Müggelberg) oder aus einem Gemisch aus den Aspekten Funktion, Auftreten, sexuelle Orientierung (die Turniertanzschwuchteln). Die häufige Nutzung der Spitznamen verschafft dem Leser oder der Leserin ein Gefühl von Vertrautheit mit den Charakteren. Zu Menschen, deren Spitznamen man kennt, hat man in der Regel eine enge Beziehung. Des Weiteren dienen sie zur Kurz-Charakterisierung ihrer Träger. Dieser Namensgebung ist auch ein gewisser humoristischer Effekt nicht ganz abzusprechen.

Zusammenfassend kann man festhalten, dass die Sprache des Romans hervorragend dazu geeignet ist, sich in die soziale und räumliche Situation des Romans einzufinden. Sprache und Inhalt korrespondieren hier auf eindrucksvolle Weise miteinander.

6 Interpretation von Schlüsselstellen

Die Unmöglichkeit der Kritik an und in der DDR (S. 119–120)

In der Auseinandersetzung mit der DDR ist ein Aspekt besonders interessant: Der Umstand, dass im Laufe der 40-jährigen Existenz des Staates kaum offizielle Kritik von den Bewohnern am System und am Zusammenleben in der Gesellschaft geübt wurde. Micha unterhält sich über die Thematik mit dem „Kulissenschieber", einem der Freunde von seiner Schwester Sabine. Einem Mann mit einer derartigen Tätigkeit – der Kulissenschieber sorgt dafür, im Theater für jede Szene das richtige Bühnenbild aufzubauen – traut man zu, auch im sonstigen Leben die Hintergründe zu durchschauen.

Während des Gesprächs übt der Kulissenschieber eine Jongliernummer mit drei Bällen ein und stellt eine These auf, die er „als Faustregel für Kulturprogramme aller Art postuliert hatte: ‚Je besser du die Kritik versteckst, desto kritischer kannst du sein.'" (S. 119) Diese These erscheint auf den ersten Blick völlig paradox. Kritik – die Kunst der Beurteilung – lebt davon, geäußert und besprochen zu werden. Die Kritik ist eine Beanstandung, ein Tadel, eine Äußerung des Missfallens, die eine Bewertung darstellt und eine Änderung des kritisierten Gegenstandes oder Verhaltens bewirken soll. Das bedeutet, dass man Kritik äußern muss, um eine Veränderung herbeiführen zu können. Die Forderung des Kulissenschiebers widerspricht insofern dem Wesen der Kritik und scheint somit völlig absurd zu sein. Davon geht auch Micha aus, als er dem Kulissenschieber entgegnet: „Wenn man eine fundamentale Kritik hat, dann muß man sie auch laut sagen!" (S. 119) Sabines Freund geht darauf ein, indem er seine These erläutert und Michas Konditionalsatz aufgreift:

Dann wirst du verhaftet, und alle halten dich für bekloppt, weil du Fundamentalkritik laut gesagt hast. Deine Fundamental-

kritik ist damit nur noch das Hirngespinst eines Bekloppten – weswegen sich weiterhin nichts ändern wird. (S. 119)

Ist die Wortwahl des Kulissenschiebers auch ein wenig überzogen, so trifft er mit seinen Überlegungen doch einen entscheidenden Punkt der tatsächlichen Gegebenheiten in der DDR. Kritik am System wurde nicht geduldet und hart bestraft. Man konnte von Glück sagen, wenn man nicht in eines der berüchtigten Gefängnisse für politische Häftlinge kam.

Es ist kein Zufall, dass der Freund von Sabine während dieses Gesprächs eine Jongliernummer einstudiert. Genau so, wie er mit den Bällen spielt, jongliert er auch mit den Gedanken. Das wird durch die Parallele deutlich, die der Erzähler zieht: „Der Kulissenschieber konnte schon lange, bevor er mit Bällen jonglierte, mit Gedanken jonglieren." (S. 119f.) Die Gleichsetzung von Bällen und Gedanken wird auch deutlich, wenn die Erklärung fortgesetzt wird, „ohne einen Ball fallen zu lassen" (S. 120). Der Vergleich zwischen dem Spiel mit den Bällen und dem Spiel mit Gedanken kann man auch auf die Situation in der DDR übertragen. Seitens der Staatsführung waren solche Spiele immer nötig, um die wahren Hintergründe und Zustände innerhalb des Staates zu verschleiern. So wurden heimlich Kredite im Westen beschafft, um die marode Wirtschaft vor dem Zusammenbruch zu retten. Kritiker wie der Liedermacher Wolf Biermann wurden ausgebürgert (1976), das heißt des Landes verwiesen, oder wie Robert Havemann (1910–1982; Physikochemiker und einer der bedeutendsten Dissidenten, also Abweichler, in der DDR) unter Hausarrest gestellt. Inhaftierte Bürger wurden gegen Devisen in den Westen verkauft. Die Staatsführung nahm in Kauf, dass die Bewohner für das Nötigste stundenlang in Geschäften anstehen mussten – sie selbst lebten abgeschottet in Wandlitz in einer Waldsiedlung, in der es ihnen an nichts, selbst nicht an Waren aus dem Westen, fehlte. So wurde von oben alles unternommen, um die wahren Verhältnisse zu verschleiern.

Eine abschließende Erläuterung seiner These liefert der Kulissenschieber am Ende dieses Abschnitts. Im rhetorischen Dreischritt (Trikolon) erläutert er noch einmal genauer seinen Gedankengang: „Wenn du *sagst*, was los ist [...]. Wenn du verhaftet werden willst [...]. Aber wenn du *verschweigst*, was los ist [...]" (S. 120). Er verdeutlicht dies mit konditionalen Satzgefügen, die mit der Anapher „wenn du" eingeleitet sind. Man könne nichts sagen, weil man sonst verhaftet und für nicht zurechnungsfähig gehalten würde. Um also einer Verhaftung zu entgehen, müsse man schweigen: „Aber wenn du *verschweigst*, was los ist, ändert sich auch nichts, denn alle halten die Welt für in Ordnung." (S. 120, Hervorhebung im Original) Der Kulissenschieber versucht hier eine Erklärung der relativen Kritikarmut in der DDR.

Micha ist davon überzeugt, „daß es da irgendwo einen Denkfehler geben mußte" (S. 120). Dass der Kulissenschieber, der mit seinen Gedanken wie mit den Bällen jongliert, keinen Ball fallen lässt, deutet darauf hin, dass ihm auch bei der Gedankenjonglage kein Fehler unterläuft. Die Frage, ob es diesen Denkfehler vielleicht dennoch gibt, wird vom Text nicht explizit beantwortet. Der generelle Geltungsanspruch der Überlegungen, der in der Aussage „Und deshalb kann sich hier auch nie etwas ändern" (S. 120) zum Ausdruck kommt, wird allerdings von den realhistorischen Vorgängen widerlegt: Das autoritäre System der DDR brach zusammen. Diese Veränderung der politischen Verhältnisse deutet der Romanschluss zumindest an (vgl. *Interpretationshilfe,* S. 71–76).

Brussig liefert in dem Textabschnitt eine Erklärung dafür, warum es in der DDR so wenig Kritik an den bestehenden Verhältnissen und somit keine Veränderungen gab. Die Menschen hatten einfach nicht die Möglichkeit, ihre Kritik in einem angemessenen Rahmen zu äußern. Jede Form der Kritik wurde vom Staat rigoros, d. h. unerbittlich, hart und rücksichtslos, verfolgt.

Den Bürgern blieb nichts anderes übrig, als sich in eine ‚innere Kritik' zu flüchten. Man konnte zwar kritisch denken, musste diese Kritik aber für sich behalten, um nicht mit Strafverfolgung rechnen zu müssen: „Je besser du die Kritik versteckst, desto kritischer kannst du sein" (S. 119), sagt der Kulissenschieber zu Micha. Das bedeutet nichts anderes, als dass man auch die noch so gewagte Kritik zwar denken, aber niemals äußern kann. Fehlt aber die öffentliche Kritik, besteht vordergründig kein Anlass zur Veränderung, denn wo keine Kritik laut wird, scheint es nichts zu kritisieren zu geben. Dass keine Kritik laut wurde, dafür sorgte u. a. die Zensur. Sie machte es Künstlern von vornherein fast unmöglich, sich offen über das Land, in dem sie lebten, zu äußern, ohne staatliche Repressalien fürchten zu müssen. Sie wurden gezwungen, mit ihren Gedanken zu ‚jonglieren' und ihre Kritik so zu verschleiern, damit sie nicht zu offensichtlich wurde und der staatlichen Zensur zum Opfer fiel. Dies galt vor allem für Musiker und Schriftsteller.

Die Vollmondnacht am Todesstreifen (S. 140–143)

Die Ereignisse in der Sonnenallee überschlagen sich in einer Vollmondnacht. Die Existenzialistin eröffnet Mario, dass sie schwanger ist, Wuschel wird beim Versuch, den Liebesbrief gemeinsam mit Micha zu bergen, niedergeschossen und der Liebesbrief verbrennt durch eine Leuchtkugel.

Bei Vollmond, so sagt man allgemein, reagieren die Menschen anders. Angeblich werden zu dieser Zeit mehr Verkehrsunfälle verursacht, mehr Verbrechen verübt und mehr Kinder geboren. Der Mond, dessen Anziehungskräfte für die Gezeiten auf der Erde von Bedeutung sind, spielte in der Mythologie der Menschen schon immer eine besondere Rolle. Und in einer solchen Vollmondnacht geschehen in der Sonnenallee unglaubliche Dinge.

Mario und die Existenzialistin gehen spazieren. Der Erzähler weist darauf hin, dass in „dieser Nacht [...] alle ein bißchen mehr aufgekratzt als sonst" (S. 140) sind, was er auf den Vollmond zurückführt. Dass die Existenzialistin aufgewühlt ist, bemerkt man vor allem an ihrer Sprache: Sie berlinert. Ein derartiger Sprachgebrauch ist bei ihr in diesem Umfang vorher nicht erkennbar gewesen.

Sie wiederholt zudem ständig irgendwelche sinnlosen Floskeln: „ick sach dir", „Eh", „Mann" (S. 140). Das Thema ihrer „Tiraden" (S. 140) ist vordergründig die fehlende Farbe und Farbigkeit der DDR. Ihr erscheint die DDR als „Grau" (S. 140). Diese Farbe symbolisiert Eintönigkeit, Langeweile, Tristesse. Es wird deutlich, dass sie mit dem Leben in der DDR und dem Staat als solchem nicht einverstanden ist. Selbst wenn man Farben bekäme, könnte sie als Malerin nichts damit anfangen, denn es gibt, nach ihren Aussagen, nichts zu malen. Die Kritik der Existenzialistin wird dadurch sehr deutlich: „Mann, ick bin Malerin, aba wat sollst'n hier maln? Du brauchst nur eene Farbe, dit is Grau, du hast nur een Jesicht, dit hat's satt." (S. 140)

Sie kann sich nicht mehr verstellen. Hoffnung auf eine Verbesserung der Situation besteht ihrer Meinung nach nicht, denn auch der Sozialismus verliert sein Farbe, d. h. er verliert an Attraktivität und Sinn: „dit Rot von die Fahnen verblaßt" (S. 140). Das ist für sie die Ursache, warum so viele Menschen das Land verlassen möchten. Diese Erkenntnis gipfelt sprachlich in einer dreischrittigen Klimax mit anaphorischen Satzanfängen: „Und wer noch nich abjehaun is, der will abhaun. Und wer noch nich abhaun will, der wird och noch dahintakomm. Und der letzte macht det Licht aus." (S. 140)

Sie drückt an der Stelle ihre ganze Verzweiflung und Hoffnungslosigkeit bezüglich eines Fortbestandes der DDR aus. Das Bild vom Letzten, der das Licht ausmacht, wird scheinbar Realität, denn in diesem Moment fällt der Strom im Todesstreifen und in der Sonnenallee aus.

Als **Todesstreifen** bezeichnete man einen zumeist unbewachsenen, mit Selbstschussanlagen, Absperrungen, Stacheldraht und Scheinwerferlicht gesicherten Streifen vor der Mauer. Republikflucht war eine sehr schwere Straftat. Beim  Versuch, die Mauer zu überwinden, fanden zahlreiche DDR-Bürger den Tod. Das gesamte Grenzgebiet wurde sehr engmaschig von Grenzsoldaten, die einen Schießbefehl befolgen mussten, überwacht.

In diesem Streifen fällt nun der Strom aus, d. h. die Scheinwerfer erlöschen und das gesamte Gebiet liegt im Dunkeln. Die Ursache für den Stromausfall ist sehr skurril: Der Grenzbeamte, der mit Onkel Heinz gesprochen hat, hat die japanische Hi-Fi-Anlage (vgl. S. 60 f.) an das Stromnetz angeschlossen, wodurch die Stromversorgung zusammenbricht. Die Absonderlichkeiten des Ereignisses verdeutlicht Thomas Brussig durch die verwendeten Gegensätze. Für den Grenzer ist es eine „komplizierte japanische Hi-Fi-Anlage" (S. 141), worüber jeder West-Bürger ob ihrer Einfachheit nur schmunzeln kann. „Es wurde zappenduster" (S. 141), obwohl der Vollmond scheint. Dies ist sehr unwahrscheinlich und wohl eher im übertragenen Sinn gemeint, nämlich dass der Grenzer die Übersicht verliert. Er „durchschaute blitzartig" (S. 141), dass eine Verschwörung dahinter stecken muss. Das ist die blanke Ironie, denn der Stromausfall liegt einzig und allein am maroden Stromnetz, das mit dem Gerät nicht kompatibel zu sein scheint. Der Grenzer hält die Anlage für „eine Art Trojanisches Pferd" (der Begriff geht auf eine Sage zurück, nach der Griechen der Stadt Troja ein hölzernes Pferd schenkten, in dem sich 30 Krieger verbargen, um die Stadt zu erobern). Er glaubt, „daß sie einzig und allein dazu dem Zoll in die Hände gespielt worden war, um einen Stromausfall zu verursachen" (S. 141). Daraufhin löst er den Grenzalarm aus. Diese abstrusen Gedankengänge und übertriebenen Handlungen sind nicht einfach nur als der individuelle Verfolgungswahn eines etwas realitätsfernen Grenzers zu deuten. Vielmehr stehen sie – in ironischer Überhöhung – für die Denkzwänge in einem System, in dem aufgrund der ideologischen Abgrenzung vom feindlichen Kapitalismus alles, was von dort kommt, auch als feindlich interpretiert wird.

Das Komische des Ereignisses wird auch durch die Eheleute Kuppisch veranschaulicht, die sich die Folgen des Grenzalarms, Leuchtkugeln, die in den Himmel geschossen werden, vom Dach ihres Hauses aus ansehen und sich benehmen, als sähen sie das schönste Feuerwerk ihres Lebens.

Durch den Stromausfall und die Reaktion der Soldaten geraten Micha und Wuschel, die gerade versuchen, den Liebesbrief zu bergen, in eine bedrohliche Lage. An dieser Stelle arbeitet der Autor wiederum mit antithetischen Gegensätzen: „gleißendes Licht" wirft „harte Schatten". Die Leuchtkugeln „stiegen und fielen". „Die Schatten stürzten ineinander oder trieben voneinander weg". Sie „blähten sich auf und verschwanden plötzlich" (S. 142). Diese Polarisierung verdeutlicht die Lage, in der sich die beiden befinden: Aus einem harmlosen Versuch, einen Brief zu retten, wird in den Augen der Grenzer ein terroristischer Akt. Es ist kein Wunder, dass die beiden daher in Hektik geraten. Die Panik wird auch an der Sprache sichtbar. Der Autor verwendet viele harte Konsonanten (k, t), die miteinander korrespondieren: „harte Schatten", „Hektik", „wirkten", „Terroristen" (S. 142), was beim Leser das Gefühl der Bedrohung aufkommen lässt. Durch die Aufzählungen wirkt die Textstelle auch beim Lesen hektisch und zerfahren. Zum dritten und letzten Mal wird an dieser Stelle der Vollmond erwähnt: „Und dazu der Vollmond." (S. 142) Die Ereignisse gewinnen hier märchenhafte Züge, die im Kontrast zum ansonsten weitgehend realistisch gehaltenen Roman wiederum zur humoristisch-satirischen Anlage des Romans beitragen.

Mit einer parallel gebauten Satzkonstruktion lenkt der Erzähler die Aufmerksamkeit auf Wuschel, der von einer Kugel getroffen am Boden liegt. Der Erzähler lässt den Leser zunächst im Unklaren darüber, welche Wirkung der Schuss gehabt hat. Innerhalb von siebzehn Zeilen entschärft sich aber die Situation:

Wuschel lag auf der Straße, regte sich nicht [...]. Wuschel bewegte sich noch. [...] plötzlich rappelte sich Wuschel auf. [...] Wuschel fing an zu heulen. [...] Wuschel war in Tränen aufgelöst. (S. 143)

In fünf Schritten wird aus dem scheinbar toten Wuschel der körperlich und geistig unversehrte Wuschel, der sich über den Verlust seiner Platte grämt. Es ist eine Art Auferstehung, ein Wunder, das hier beschrieben wird. Die kurzen, parallel gebauten Sätze verdeutlichen das Prozesshafte dieser Handlung.

„Die Platte war zerschossen, aber sie hatte ihm das Leben gerettet." (S. 143) Die gesamte Mühe, die Wuschel auf sich genommen hat, um seine Platte zu bekommen, wird am Ende belohnt, wenn auch anders, als er es sich vorgestellt haben dürfte. Er kommt zwar nicht mehr in den Genuss, die Musik hören zu können, aber trotzdem gewinnt die Platte eine besondere Bedeutung, sie wird zum Lebensretter. Das Wundersame dieser Rettung wird noch deutlicher, wenn man bedenkt, dass die Kugel aus der Waffe eines Grenzsoldaten eine Doppel-LP aus Vinyl wahrscheinlich durchschlagen würde wie ein Blatt Papier.

Der Zwischenfall an der Grenze unterstreicht noch einmal die Menschenverachtung des Systems. Freizügigkeit, das Recht zu reisen, wohin man möchte, war nicht gewährleistet. Im Gegenteil: Der Staat hielt seine Bürger wie Gefangene. Wer versucht, die Grenze zu überschreiten, wird erschossen. Wuschel will zwar nicht fliehen, aber trotzdem gerät er durch eine Verkettung unglücklicher Umstände in Lebensgefahr, aus der er nur durch ein Wunder gerettet werden kann.

Das Wunder der Geburt (S. 153–156)

Die letzten Seiten des Romans berichten oberflächlich von der Geburt des Kindes von Mario und der Existenzialistin. Auf einer abstrakteren Ebene deuten sie das Ende der DDR an.

In zwei hypotaktischen Satzgefügen berichtet der Erzähler vom Leben und den Plänen Marios. Ebenso verschachtelt und zerfahren wie die Sätze scheint sein Leben zu sein. Der Trabant, den Mario gekauft hat, um schwarz Taxi zu fahren, ist vergleichbar mit der DDR: „Nichts an diesem alten Trabant funktionierte" (S. 153). Wie kaum ein anderes Produkt steht dieser Wagen, der über mehrere Jahrzehnte hinweg in unverändertem Design gebaut wurde, für die DDR, sodass man ihn als Symbol für den Staat, in dem ebenfalls vieles nicht richtig funktionierte, betrachten kann.

Als bei der Existenzialistin die Wehen einsetzen und Mario sie ins Krankenhaus fahren muss, denn „Hier gibt's kein Telefon! Hier gibt's kein Taxi!" (S. 154), geschieht das erste Wunder: Der Wagen springt an und fährt, was er vorher noch nicht ein einziges Mal getan hat. Ebenso verhielt es sich mit der DDR. Nichts funktionierte so, wie es geplant war, und trotzdem ging es immer irgendwie weiter.

Auf dem Weg ins Krankenhaus werden die beiden von einer sowjetischen Delegation in ihren Fahrzeugen aufgehalten. Die Führer der UdSSR, des großen sozialistischen Bruders der kleinen DDR, fahren natürlich in den angemessenen Wagen: „Staatskarossen" (S. 155). Auch diese Automobile können als stellvertretend für ihre Insassen angesehen werden. Auf der einen Seite fährt der Trabant, der die kleine DDR verkörpert, auf der anderen Seite die voluminösen Staatskarossen, große, schwarze Autos, die die Überlegenheit und Größe der Sowjetunion repräsentieren. Es gelingt Mario beinahe, die gesamte Kolonne zu überholen. Er holt scheinbar auf, doch gegen die Übermacht des großen sozialistischen Bruders hat er keine Chance: „Als Mario fast die gesamte Kolonne überholt hatte, scherten zwei Wagen aus und nahmen Marios Trabi in die Zange, so daß er anhalten mußte." (S. 155) Bei dem Duell zeigt sich die scheinbare Überlegenheit der Sowjetunion gegenüber der DDR. In dieser Situation wendet sich Mario nun „in seiner Verzweiflung" (S. 155) an die Insassen der Karossen, die er durch die verdunkelten Scheiben nicht erkennen kann. Tatsächlich steigt eine der Personen aus: „Er hatte ein großes Muttermal auf der Stirn, was ihn im ersten Moment furchterregend aussehen ließ." (S. 156)

Mit dieser Beschreibung des Russen ist eindeutig Michail Sergejewitsch Gorbatschow gemeint, der russische Politiker, der mit seiner Politik von Offenheit und Wandel (Glasnost und Perestrojka) das Ende des Ost-West-Konfliktes herbeiführte und die Wiedervereinigung der beiden deutschen Staaten ermöglichte. In der Folge vollbringt der Russe drei Wunder.

Der Russe machte nur eine Handbewegung zum Himmel – und augenblicklich hörte es auf zu regnen. [...] Der Russe hantierte im Wageninneren herum, und ein paar Augenblicke später kam er wieder aus dem Auto und hielt ein fertig gewickeltes Neugeborenes [...]. Nachdem der Russe beide Hände frei hatte, berührte er die Motorhaube des Trabis. Der Wagen sprang sofort wieder an. (S. 156)

In drei parallel gebauten Sätzen beschreibt der Erzähler, wie „der Russe" die Wunder vollbringt. Bezeichnend dabei ist, dass die Folgen der Wundertätigkeit immer unmittelbar (augenblicklich, ein paar Augenblicke später, sofort) sichtbar werden.

In dieser Episode deutet Brussig die wundersamen Veränderungen in der DDR an, die ihren Höhepunkt in der Wiedervereinigung finden. Der Russe, Gorbatschow, erscheint und hilft bei der Geburt eines Kindes. Die Geburt symbolisiert einen Neuanfang, herbeigeführt durch die Hilfe Gorbatschows. Es waren seine politischen Entscheidungen, die bis dahin für undenkbar gehalten wurden, die die Beendigung des Kalten Krieges und den Neubeginn Deutschlands ermöglichten. Und so kommt auch die Existenzialistin zum Schluss: „Das ist 'n Russe, der Wunder vollbringt!" (S. 156) Im Roman ist es das dreifache Wunder, im übertragenen Sinne das Ende der Teilung der beiden deutschen Staaten und der politischen Blöcke Ost und West.

Michail Gorbatschow 1994

Dass dies der Beginn einer Veränderung sein wird, deutet der Erzähler noch an, als er dem Leser den Namen der Existenzialistin mitteilt: „Elisabeth" (S. 156). Der Name weist auf die neutestamentliche Gestalt namens Elisabet, die Mutter von Johannes dem Täufer. Sie war unfruchtbar und nur durch ein göttliches Wunder empfing sie ihren Sohn noch in hohem Alter: „Der Engel aber sagte zu ihm: Fürchte dich nicht, Zacharias; denn dein Beten wurde erhört, und deine Frau Elisabet wird dir einen Sohn gebären, den sollst du Johannes nennen. Du wirst Freude und Jubel haben, und viele werden sich freuen über seine Geburt, denn er wird groß sein vor dem Herrn." (NT: Lukas 1, 13–15) Genau so, wie die Geburt des biblischen Kindes auf die Ankunft des Herrn Jesu und seines Wirkens verweist, deutet die Geburt des Kindes von Mario und der Existenzialistin auf die neue Zeit mit ihren politischen Veränderungen hin. Beide Kinder werden unter wundersamen Umständen gezeugt bzw. zur Welt gebracht.

Das Wundersame, Unglaubliche dieser politischen Entwicklungen in den 80er-Jahren verdeutlicht der Kommentar des Erzählers. Mario und Elisabeth sind beide überzeugt, „daß ihnen soeben etwas widerfahren ist, das ihnen niemand je glauben wird" (vgl. S. 156). Das gilt auch für ihr soeben geborenes Kind: „Aber die Dinge in diesem Land würde es wahrscheinlich genau so wenig begreifen wie seine Eltern." (S. 156) Selbst für Bürger der DDR, die all die politischen Entwicklungen hautnah erlebt haben, ist es schwer, sämtliche Zusammenhänge zu verstehen. Wie schwer muss es dann für Kinder und Jugendliche sein, die diese Zeit nur aus Erzählungen, Büchern und Filmen kennen? Manches lässt sich wahrscheinlich gar nicht erklären und verstehen: Es bleibt ein Wunder.

Fall der Mauer am
9./10. November 1989

Zur Rezeption

Die Literaturszene und das interessierte Publikum warteten gespannt auf den zweiten Roman von Thomas Brussig. Nach dem großen Erfolg von *Helden wie wir* (1995) war man neugierig, ob der Autor die hohen Erwartungen, die an ihn gestellt wurden, erfüllen könnte. Nach Meinung der meisten Kritiker ist es Brussig gelungen.

Mehr als 24 Rezensionen, die kurz nach dem Erscheinen von *Am kürzeren Ende der Sonnenallee* im Herbst 1999 veröffentlicht wurden, zeigen das große Interesse, das dem Buch entgegenschlug. Das Buch wurde sowohl in den großen überregional erscheinenden Tageszeitungen wie der *Frankfurter Allgemeinen* oder der *Süddeutschen Zeitung* als auch in den Wochenmagazinen *Der Spiegel*, *Die Zeit* und *Die Woche* rezensiert. Hinzu kamen Beiträge in regionalen Zeitungen von Hamburg über Leipzig, München bis Wien und in Magazinen (z. B. *tip*, *Brigitte*).

Die Kommentare zum Buch sind fast durchweg positiv. Hervorgehoben wird durch die Rezensenten vor allem das Humorvolle und Satirische des Romans. Die Einordnung als Satire überwiegt bei den Einschätzungen. Claus-Ulrich Bielefeld schreibt in der *Süddeutschen Zeitung,* dass Brussig „einen satirischen Blick auf das Atlantis linker Utopien" – gemeint ist die DDR – werfe.10 Andere bezeichnen den Roman als „sanfte Parodie", „Realsatire", „Schelmenroman", „Ost-Posse" oder als „satirische Beschreibung des ostdeutschen Alltags".

Es ist wohl unvermeidlich, dass vor allem die komischen bzw. satirischen Qualitäten des Romans in den Vordergrund gestellt werden. Gerade der Humor nimmt im Roman einen enormen Stellenwert ein. Dies ist für die deutsche Literatur, gerade die

Gegenwartsliteratur, keineswegs selbstverständlich. Nicht selten wird ihr von Kritiker-Seite vorgeworfen, sie sei langweilig und humorlos. Da kommt ein „herzhaftes Leseerlebnis", wie es Bernhard Ott in der *Weltwoche* beschreibt, gerade recht.11 Man sollte sich jedoch hüten, den Roman allein als „DDR-Komödie" zu betrachten, wie es Thomas Schuldt im *Rheinischen Merkur* tut.12 Der Roman hat weit mehr Qualitäten und Lesarten als ausschließlich die einer Komödie. Er ist darüber hinaus Liebesgeschichte, Episodenroman und ein Versuch, die jüngste deutsch-deutsche Geschichte zu verarbeiten. Trotzdem kann man sich uneingeschränkt dem Urteil von Jörg Noll im *Hamburger Abendblatt* anschließen: „Die Lektüre bedeutet vielfach einen Heidenspaß."13

In der Rezeption wird vor allem die Sparsamkeit der Mittel hervorgehoben, die Thomas Brussigs DDR-Roman kennzeichnet. Inge Zenker-Baltes erwähnt im *Tagesspiegel* den „lakonischen Humor" (kurz und treffend), den Brussig verwendet, und die „süffisante Erzählweise", in der der Roman geschrieben sei.14 Andere Rezensenten verweisen auf die lockere und leichte Erzählweise Brussigs, die satirische Schärfe und die feine Ironie in den Episoden des Romans. Andreas Nentwich *(Die Zeit)* erfreut sich an der „umstandslosen Syntax", die die „Gefühls- und Erfahrungswelt"15 der Jugendlichen in Ost-Berlin lebendig werden lasse.

Einige Rezensenten werfen Brussig vor, dass sein Roman zu „schmalbrüstig" (Illustrierte Stadtzeitung *zitty*) sei, was immer damit gemeint sein mag. Die einzig durchgängig negative Kritik stammt von Sabine Dultz im *Münchner Merkur*. Sie wirft Brussig vor, dass der Roman „zu nett für einen klugen Autor" sei.16 Nettigkeit sollte jedoch kein Manko (Mangel) eines Romans sein. Auch ihre Wertung, dass „sein Witz [...] harmlos" geworden sei, wird von allen anderen Rezensenten nicht geteilt. „Von aller lustvollen Bosheit verlassen verzettelt sich Brussig [...] in Nostalgie." Zu einem solchen Urteil kann man nur kommen, wenn man eine Fortsetzung von *Helden wie wir* erwartet, die mit den gleichen Stilmitteln – eben der lustvollen Bosheit – gearbeitet hätte. Dass Brussig dies nicht tut, spricht eindeutig für ihn und seine Vielseitigkeit als Autor. Nostalgie ist an sich nichts Negatives, sondern kann, sinnvoll und im Sinne der Gesamtaussage eingesetzt, durchaus ein reizvolles literarisches Element sein.

Auch beim Publikum erfreut sich der zweite – wenn man *Wasserfarben* mitzählt, sogar dritte – Roman einer überdurchschnittlichen Beliebtheit. Davon zeugen die Verkaufszahlen der Hardcover-Version und der preisgünstigeren Taschenbuch-Ausgabe. Die gute Resonanz zeigt sich auch in weitergehenden Bearbeitungen: So wurde der Stoff z. B. 2006 im Thalia-Theater in Halle für ein Musical adaptiert und 2009 im Berliner Zentral Theater für ein Theaterstück verwendet.

Insgesamt lässt sich feststellen: Brussig hat mit diesem Werk weder die Kritiker noch die Leser enttäuscht und man darf weiterhin auf sein Schaffen gespannt sein.

Wort- und Sacherläuterungen

ABV: Abschnittsbevollmächtigter; eine Art Stadtteilpolizist in der DDR

AWO: Abkürzung für das von 1950–1961 zunächst bei der „Einzelbetrieb BMW der Sowjetischen Aktiengesellschaft" in Eisenach, später bei der Suhler „Simson" gebaute Motorrad „Awtowelo 425 T". Von dieser Maschine wurden 124 000 Stück gebaut.

DSF: Gesellschaft für Deutsch-Sowjetische Freundschaft; Massenorganisation zur Pflege der Freundschaft und Zusammenarbeit zwischen der DDR und der Sowjetunion.

DTSB: Deutscher Turn- und Sportbund der DDR

Existenzialismus: Französische Variante der Existenzphilosophie, die den Entwurfscharakter menschlicher Existenz betont. Das auf sich gestellte menschliche Individuum erfährt sich in unterschiedlichen Grunderfahrungen (u. a. Angst, Leid, Schuld) selbst.

FDJ: Freie Deutsche Jugend; Jugendorganisation der SED

Festival, Jugendfestival: möglicherweise Anspielung auf die Weltfestspiele der Jugend und Studenten, ein wiederkehrendes internationales Jugendtreffen, das 1973 in Ost-Berlin stattfand. Dies passt jedoch nicht zur zeitlichen Gesamtanlage des Romans (vgl. *Interpretationshilfe,* S. 62).

Gagarin-Büste: plastische Darstellung vom Kopf bis zur Brust des ersten Menschen im All. Juri Alexejewitsch Gagarin (1934–1968) umrundete am 12. 4. 1961 die Erde in einer sowjetischen „Wostok"-Raumkapsel.

GST: Gesellschaft für Sport und Technik; Sozialistische Massenorganisation, die für die vormilitärische und wehrpolitische Ausbildung und Erziehung der Bevölkerung, v. a. der Jugend, zuständig war.

Hausbuch: Heft mit Personalangaben aller ständigen und zeitweiligen Bewohner eines Hauses. Alle Eintragungen waren dem zuständigen Polizeirevier zu melden. Das Hausbuch musste in jedem Haus geführt werden.

Jugendweihe: Rituelle Veranstaltung, bei der die Jugendlichen in die Welt der Erwachsenen aufgenommen wurden; weltlicher Ersatz für Konfirmation und Firmung.

Kitifix: Name eines Klebstoffes aus DDR-Produktion

Messe der Meister von morgen: Technische und ökonomische Lehr- und Leistungsschau, auf der von Jugendlichen entwickelte Erfindungen und Neuerungen ausgestellt wurden; ähnlich dem Wettbewerb „Jugend forscht".

ND: das *Neue Deutschland;* Tageszeitung, Zentralorgan der SED

OvD: Offizier vom Dienst

Q3a-Bauten: Nach dem Qualitätsstandard 3a entstandene Häuser. Das Q war das höchste Gütezeichen für in der DDR hergestellte Erzeugnisse.

Relegation: Schulverweis

Schnitzler, Karl-Eduard von: Moderator der DDR-Fernsehsendung „Der Schwarze Kanal", in der vor allem gegen die BRD agitiert wurde; im Volksmund ‚Sudel-Ede' genannt.

SED: Sozialistische Einheitspartei Deutschlands

Stasi: Staatssicherheit; Überwachungs- und Spionagebehörde

Stomatologie: Lehre von den Krankheiten der Mundhöhle

Subbotnik, der: freiwilliger, unentgeltlicher Arbeitseinsatz, der der Durchführung wirtschaftlich besonders vorrangiger oder schnell zu lösender Aufgaben diente.

SV-Ausweis: Ausweis der Sozialversicherung

Trabs: Krümmung im Abflussrohr eines Waschbeckens

Trapos: Transportpolizisten; waren für die Bahn zuständig

Werktätige: DDR-Wort für Arbeitnehmer

ZK 20: Tondbandgerät aus DDR-Produktion

Zwangsumtausch: Obligatorischer Umtausch von DM in Mark der DDR für Bürger der BRD bei der Einreise. Die Höhe betrug 1989 DM 25,– pro Person und Tag des Aufenthalts.

Literaturhinweise

Verwendete Buchausgabe:

BRUSSIG, THOMAS: *Am kürzeren Ende der Sonnenallee.*
Frankfurt am Main: Fischer Taschenbuch 2001

Im Folgenden finden Sie einige Literaturhinweise zu verschiedenen Aspekten des Romans:

KINNE, MICHAEL: *Kleines Wörterbuch des DDR-Wortschatzes.*
2. Aufl., Düsseldorf: Schwann 1981
Das Buch ist ein interessantes Nachschlagewerk für die besonderen Prägungen und Ausdrücke des DDR-Wortschatzes von *Abendstudium* bis *zwischengenossenschaftliche Einrichtung*. Es enthält zudem eine kurze Einführung in die Entwicklung der deutschen Sprache nach 1945.

HENNING, WERNER / FRIEDRICH, WALTER (Hrsg.): *Jugend in der DDR.* Weinheim und München: Juventa 1991
Der Band enthält Beiträge zur sozialwissenschaftlichen Jugendforschung des Zentralinstituts für Jugendforschung in Leipzig. Die Ergebnisse entstammen den Bereichen Politik, Freizeit, Ehe und Frauen.

HILLE, BARBARA / JAIDE, WALTER: *DDR-Jugend. Politisches Bewusstsein und Lebensalltag.* Opladen: Leske + Budrich 1990
In verschiedenen Beiträgen beleuchtet der Band zentrale Lebens- und Problemgebiete der Jugend in der DDR vor der Wiedervereinigung. Die wissenschaftlichen Aufsätze befassen sich mit den Bereichen Jugend und Beruf, Alltag von Kindern, Jugendlichen und jungen Erwachsenen.

LAUFENBERG, FRANK /LAUFENBERG, INGRID: *Frank Laufenbergs Rock- und Pop-Lexikon. Band 1 und 2. Sämtliche Top-10-Hits aus USA, GB, Deutschland und ihre Interpreten.* 2. Aufl., Düsseldorf: ECON Taschenbuch-Verlag 1995
Sehr umfassendes, leicht verständliches Nachschlagewerk zu allen erfolgreichen Bands und Interpreten von 1940 bis 1995. Jeder Interpret wird mit einem kurzen, gut lesbaren und informativen Artikel, häufig mit einem CD-Tipp, vorgestellt.

KRUG, MANFRED: *Abgehauen: Ein Mitschnitt und ein Tagebuch.* Düsseldorf: ECON 1996 (auch als Taschenbuch erhältlich)
Das Buch enthält den Mitschnitt eines Gesprächs von elf Künstlern mit drei Politikern in der DDR, das im Haus von Manfred Krug stattfand und von ihm verbotenerweise aufgenommen wurde. Danach berichtet sein Tagebuch von den 33 Tagen zwischen Ausreiseantrag und Ausreise des beliebten Schauspielers. Das Werk ist ein hochinteressantes Zeitdokument aus den Jahren 1976/1977, das einen Einblick in die Kunstszene der DDR und das DDR-System bietet.

HAUßMANN, LEANDER (Hrsg.): *Sonnenallee. Das Buch zum Film.* Berlin: Quadriga 1999
Das Buch enthält das Drehbuch zum Film und ein Interview mit den Drehbuchautoren Leander Haußmann und Thomas Brussig. Außerdem sind darin Beiträge zu verschiedenen Themen versammelt, die mit dem Film zu tun haben.

Anmerkungen

1. Thomas Brussig in: *tip-Magazin*, Nr. 21/99 v. 30. 09. 1999
2. Ebd.
3. Wolf Biermann in: *Der Spiegel* v. 29. 01. 1996
4. Thomas Brussig in: *Berliner Morgenpost* v. 27. 08. 1999
5. Thomas Brussig in: *tip-Magazin*, Nr. 21/99 v. 30. 09. 1999
6. Ebd.
7. Die Seitenzahlen in den Klammern beziehen sich auf die Seitenzahlen des Romans in der Originalausgabe des Verlags Volk und Welt, Berlin 1999.
8. Vgl. Holm Feller: Erscheinungsformen des Musikgebrauchs DDR-Jugendlicher Ende der 80er Jahre. In: Henning/Friedrich (Hrsg.), S. 105–113.
9. Vgl. Walter Jaide: Freizeit und Jugend im doppelten Deutschland. In: Hille/Jaide, S. 75–107.
10. *SZ* v. 4./5. 09. 1999
11. *Die Weltwoche* v. 21. 10. 1999
12. *Rheinischer Merkur* v. 24. 09. 1999
13. *Hamburger Abendblatt* v. 21. 09. 1999
14. *Der Tagesspiegel* v. 30. 08. 1999
15. *Die Zeit* v. 23. 09. 1999
16. *Münchner Merkur* v. 28./29. 09. 1999

STARK Interpretationshilfen und Trainingsbände für die Oberstufe

Deutsch Interpretationen

Aehnlich:
Alle sterben, auch die Löffelstöre .... Best.-Nr. 2400621
Brecht: *Der aufhaltsame Aufstieg
des Arturo Ui* .... Best.-Nr. 2400281
Brecht: *Der kaukasische Kreidekreis* .... Best.-Nr. 2400171
Brecht: *Leben des Galilei* .... Best.-Nr. 2400011
Brecht:
Mutter Courage und ihre Kinder .... Best.-Nr. 2400521
Brussig:
Am kürzeren Ende der Sonnenallee ..... Best.-Nr. 2400201
Büchner: *Dantons Tod* .... Best.-Nr. 2400121
Büchner: *Der Hessische Landbote* .... Best.-Nr. 2400461
Büchner: *Lenz* .... Best.-Nr. 2400431
Büchner: *Leonce und Lena* .... Best.-Nr. 2400261
Büchner: *Woyzeck* .... Best.-Nr. 2400042
Dürrenmatt:
Der Besuch der alten Dame .... Best.-Nr. 2400341
Dürrenmatt: *Der Verdacht* .... Best.-Nr. 2400571
Eichendorff:
Aus dem Leben eines Taugenichts .... Best.-Nr. 2400071
Eichendorff: *Das Marmorbild* .... Best.-Nr. 2400081
Fontane: *Effi Briest* .... Best.-Nr. 2400371
Fontane: *Irrungen, Wirrungen* .... Best.-Nr. 2400401
Fontane: *Frau Jenny Treibel* .... Best.-Nr. 2400611
Frisch:
Biedermann und die Brandstifter .... Best.-Nr. 2400531
Frisch: *Homo faber* .... Best.-Nr. 2400031
Frisch: *Andorra* .... Best.-Nr. 2400131
Goethe: *Faust I* .... Best.-Nr. 2400511
Goethe: *Iphigenie auf Tauris* .... Best.-Nr. 2400361
Goethe: *Gedichte (1771–1783)* .... Best.-Nr. 2400181
Goethe:
Die Leiden des jungen Werther .... Best.-Nr. 2400051
Hauptmann: *Die Ratten* .... Best.-Nr. 2400411
Hein:
Der fremde Freund/Drachenblut .... Best.-Nr. 2400061
E.T.A. Hoffmann: *Der Sandmann* .... Best.-Nr. 2400351
Horváth:
Geschichten aus dem Wiener Wald ...... Best.-Nr. 2400581
Kafka: *Der Proceß* .... Best.-Nr. 2400481
Kafka: *Die Verwandlung/Das Urteil* .... Best.-Nr. 2400141
Keller:
Romeo und Julia auf dem Dorfe .... Best.-Nr. 2400321
Kerner: *Blueprint. Blaupause* .... Best.-Nr. 2400391
Kleist: *Der zerbrochne Krug* .... Best.-Nr. 2400541
Kleist: *Die Marquise von O.* .... Best.-Nr. 2400471
Kleist: *Michael Kohlhaas* .... Best.-Nr. 2400111
Koeppen: *Tauben im Gras* .... Best.-Nr. 2400641
Lessing: *Emilia Galotti* .... Best.-Nr. 2400191
Lessing: *Nathan der Weise* .... Best.-Nr. 2400501
Th. Mann: *Der Tod in Venedig* .... Best.-Nr. 2400291
Th. Mann: *Tonio Kröger/
Mario und der Zauberer* .... Best.-Nr. 2400151

Musil: *Die Verwirrungen
der Zöglings Törleß* .... Best.-Nr. 2400561
Schiller: *Don Carlos* .... Best.-Nr. 2400162
Schiller: *Kabale und Liebe* .... Best.-Nr. 2400231
Schiller: *Die Räuber* .... Best.-Nr. 2400421
Schiller: *Maria Stuart* .... Best.-Nr. 2400371
Schlink: *Der Vorleser* .... Best.-Nr. 2400102
Schneider: *Schlafes Bruder* .... Best.-Nr. 2400021
Schnitzler: *Traumnovelle* .... Best.-Nr. 2400311
Sophokles: *Antigone* .... Best.-Nr. 2400221
Storm: *Der Schimmelreiter* .... Best.-Nr. 2400381
Süskind: *Das Parfum* .... Best.-Nr. 2400091
Timm:
Die Entdeckung der Currywurst .... Best.-Nr. 2400301
Vanderbeke: *Das Muschelessen* .... Best.-Nr. 2400331
Wolf: *Kassandra* .... Best.-Nr. 2400601
Wolf: *Medea. Stimmen* .... Best.-Nr. 2400551
Wedekind: *Frühlings Erwachen* .... Best.-Nr. 2400491
Zweig: *Schachnovelle* .... Best.-Nr. 2400441

Deutsch Training

Dramen analysieren u. interpretieren .. Best.-Nr. 944092
Erörtern und Sachtexte analysieren ..... Best.-Nr. 944094
Gedichte analysieren und
interpretieren .... Best.-Nr. 944091
Epische Texte analysieren und
interpretieren .... Best.-Nr. 944093
Abitur-Wissen
Erörtern und Sachtexte analysieren ..... Best.-Nr. 944064
Abitur-Wissen Textinterpretation .... Best.-Nr. 944061
Abitur-Wissen
Deutsche Literaturgeschichte .... Best.-Nr. 94405
Abitur-Wissen
Prüfungswissen Oberstufe .... Best.-Nr. 94400
Kompakt-Wissen Rechtschreibung .... Best.-Nr. 944065

(Bitte blättern Sie um)

Englisch Interpretationen

Albee:
Who's afraid of Virginia Woolf? .... Best.-Nr. 2500101
Atwood: *The Handmaid's Tale* .... Best.-Nr. 2500181
Auster: *Moon Palace* .... Best.-Nr. 2500031
Boyle: *The Tortilla Curtain* .... Best.-Nr. 2500131
Bradbury: *Fahrenheit 451* .... Best.-Nr. 2500141
20th Century English Short Stories .... Best.-Nr. 2500151
Fitzgerald: *The Great Gatsby* .... Best.-Nr. 2500191
Golding: *Lord of the Flies* .... Best.-Nr. 2500051
Hornby: *About a Boy* .... Best.-Nr. 2500201
Ishiguro: *The Remains of the Day* .... Best.-Nr. 2500171
Lessing: *The Fifth Child* .... Best.-Nr. 2500071
Lodge: *Changing Places* .... Best.-Nr. 2500091
MacLaverty: *Cal* .... Best.-Nr. 2500161
Priestley: *An Inspector Calls* .... Best.-Nr. 2500081
Russell: *Educating Rita* .... Best.-Nr. 2500061
Salinger: *Catcher in the Rye* .... Best.-Nr. 2500111
Shakespeare: *Macbeth* .... Best.-Nr. 2500011
Shakespeare: *Romeo and Juliet* .... Best.-Nr. 2500041
Shaw: *Pygmalion* .... Best.-Nr. 2500121
Shepard: *True West* .... Best.-Nr. 2500211
Williams: *A Streetcar Named Desire* ..... Best.-Nr. 2500221

Englisch Training

Übersetzungsübung .... Best.-Nr. 82454
Grammatikübung .... Best.-Nr. 82452
Themenwortschatz .... Best.-Nr. 82451
Grundlagen, Arbeitstechniken und
Methoden mit CD .... Best.-Nr. 944601
Sprachmittlung .... Best.-Nr. 94469
Sprechfertigkeit mit CD .... Best.-Nr. 94467
Abitur-Wissen
Landeskunde Großbritannien .... Best.-Nr. 94461
Abitur-Wissen Landeskunde USA .... Best.-Nr. 94463
Abitur-Wissen
Englische Literaturgeschichte .... Best.-Nr. 94465
Kompakt-Wissen Abitur
Themenwortschatz .... Best.-Nr. 90462
Kompakt-Wissen Grundwortschatz .... Best.-Nr. 90464
Kompakt-Wissen Kurzgrammatik .... Best.-Nr. 90461
Kompakt-Wissen Abitur
Landeskunde/Literatur .... Best.-Nr. 90463
Kompakt-Wissen Abitur – Ausgabe NRW
Landeskunde/Literatur .... Best.-Nr. 50463

Latein Training

Abitur-Wissen
Lateinische Literaturgeschichte .... Best.-Nr. 94602
Abitur-Wissen Prüfungswissen Latinum Best.-Nr. 94608
Kompakt-Wissen Kurzgrammatik .... Best.-Nr. 906011

Französisch Interpretationen

Camus: *L'Etranger/Der Fremde* .... Best.-Nr. 2550041
Sartre: *Huis clos/
Geschlossene Gesellschaft* .... Best.-Nr. 2550051

Französisch Training

Landeskunde Frankreich .... Best.-Nr. 94501
Themenwortschatz .... Best.-Nr. 94503
Literatur .... Best.-Nr. 94502
Textarbeit Oberstufe .... Best.-Nr. 94504
Sprachmittlung · Übersetzung .... Best.-Nr. 94512
Abitur-Wissen
Französische Literaturgeschichte .... Best.-Nr. 94506
Kompakt-Wissen Abitur
Themenwortschatz .... Best.-Nr. 945010
Kompakt-Wissen Kurzgrammatik .... Best.-Nr. 945011
Kompakt-Wissen Grundwortschatz ...... Best.-Nr. 905001

Spanisch

Kompakt-Wissen Abitur
Themenwortschatz .... Best.-Nr. 945401

Fachübergreifend

Richtig Lernen – Tipps und
Lernstrategien für die Oberstufe .... Best.-Nr. 10483
Referate und Facharbeiten
für die Oberstufe .... Best.-Nr. 10484
Training Methoden – Meinungen äußern,
Ergebnisse präsentieren .... Best.-Nr. 10486

Bestellungen bitte direkt an:
STARK Verlagsgesellschaft mbH & Co. KG · Postfach 1852 · 85318 Freising
Tel. 0180 3 179000* · Fax 0180 3 179001* · www.stark-verlag.de · info@stark-verlag.de
*9 Cent pro Min. aus dem deutschen Festnetz, Mobilfunk bis 42 Cent pro Min.
Aus dem Mobilfunknetz wählen Sie die Festnetznummer: 08167 9573-0

Lernen · Wissen · Zukunft
STARK